기술직공무원 전공모의고사

합격해

vol.1

식품미생물

최종모의고사 ⑩

기술직공무원 전공모의고사

합격해 vol.1
식품미생물
최종모의고사 ⑩

2판 1쇄 2025년 1월 10일

편저자_ 장미
발행인_ 원석주
발행처_ 하이앤북
주소_ 서울시 영등포구 영등포로 347 베스트타워 11층
고객센터_ 1588-6671
팩스_ 02-841-6897
출판등록_ 2018년 4월 30일 제2018-000066호
홈페이지_ gosi.daebanggosi.com

ISBN_ 979-11-6533-532-8

정가_ 11,000원

기술직 공무원 시험을 준비하는 분들의 고민들 중 하나가 바로 제대로 된 문제집을 선택하는 것입니다. 수험생 여러분의 이러한 고충을 지켜보면서 적중률에 완벽을 기하면서도 핵심적인 내용으로 구성된 문제집을 만들고자 부단히 노력하였습니다.

본교재의 특징은 다음과 같습니다.

1. 출제경향을 반영한 기출동형 모의고사

출제빈도가 높았던 영역과 앞으로 출제 가능성이 높은 부분을 중심으로, 기출의 유형을 최대한 반영한 문제들로 구성하여 스스로 모의시험을 치를 수 있도록 연구하였습니다. 또한 권말의 OMR 답안지를 활용하여 최대한 실제 시험과 같은 환경에서 문제를 풀어보기를 권합니다.

2. 충분한 문제풀이 연습

총 10회의 모의고사를 실어 충분한 문제풀이 연습을 할 수 있도록 하였습니다. 이 책은 시험을 목전에 둔 수험생들에게는 그동안 공부한 내용을 마무리 지을 수 있는 마침표가 될 것입니다. 또한 새로 공부를 시작하는 수험생들에게도 시험의 경향을 파악하고 본인의 실력을 가늠해 볼 수 있는 좋은 길잡이가 될 것입니다.

3. 이해 중심의 확실한 해설

문제 해결 방법을 익힐 수 있도록 이해 중심의 확실한 해설을 수록하였습니다. 틀리지 않은 문제일지라도 해설을 확인한 후 자신이 생각했던 것과 풀이한 내용이 일치하는지 확인하여야 하고, 틀린 문제의 경우 바로 해설을 확인하지 말고 스스로 정답을 다시 찾아본 후 해설을 확인하여 이후에 유사한 문제를 접했을 때 충분히 대비할 수 있도록 해야 합니다.

본 문제집은 인생의 터닝 포인트에 서 있는 여러분의 간절함과 긴박함을 돕고 싶은 마음의 표현이기도 합니다. 무엇보다 뜨거운 열정으로 합격이라는 도착점에 도달할 때까지 길고 긴 여정을 묵묵히 걸어가는 수험생 여러분들께 진심 어린 격려의 박수를 아낌없이 보내 드리며, 건승하시길 진심으로 바랍니다.

'전공모의고사 합격해' 저자 일동

Overview
구성과 특징

Point 1
출제경향을 반영한 기출동형 모의고사!

과년도 출제경향을 꼼꼼히 분석하여
기출동형으로 구성한 모의고사 문제집입니다.
출제가능성이 높고 핵심적인 문제들로
구성하였습니다.

Point 2
이해중심의 확실한 해설!

이해 중심의 확실한 해설로
문제 해결 방법과 전략을 익힐 수 있고
틀린 문제의 원인을 확실하게 파악하고
넘어갈 수 있도록 집필하였습니다.

Point 3
답안지 작성 연습까지 완벽하게!

공무원 시험은 시간 배분이 중요합니다.
권말에 수록한 OMR 답안지를 활용하여
실전과 같은 시험시간 안에
답안지 작성 연습까지 진행하세요.

Contents
차례

합격해

식품미생물

전공모의고사

vol.1

문제편

제1회 최종모의고사

응시번호 _____ 성명 _____ 점수 _____ 점

01. 그람염색법(Gram staining)의 순서를 바르게 나열한 것은?

① 도말 → 고정 → 크리스탈바이올렛 → 알코올탈색 → 요오드 → 사프라닌 → 검경
② 도말 → 크리스탈바이올렛 → 요오드 → 고정 → 사프라닌 → 알코올탈색 → 검경
③ 도말 → 고정 → 크리스탈바이올렛 → 요오드 → 알코올탈색 → 사프라닌 → 검경
④ 도말 → 고정 → 사프라닌 → 크리스탈바이올렛 → 요오드 → 알코올탈색 → 검경

02. 유산균(lactic acid bacteria)에 대한 설명으로 옳지 않은 것을 모두 고른 것은?

〈보기〉
가. 그람양성균으로 다량의 유당(lactose)을 생성하는 세균의 총칭이다.
나. *Leuconostoc, Pediococcus, Lactobacillus* 등은 정상유산발효균이다.
다. *Lb. leichmannii* 는 청주에서 백색의 혼탁을 유발한다.
라. 일반적으로 내산성을 지니며, 카탈레이스 양성이다.

① 가, 다
② 나, 라
③ 라
④ 가, 나, 다, 라

03. 전분질 원료의 당화와 발효를 동시에 진행할 수 있는 균이 아닌 것은?

① *Mucor rouxii*
② *Rhizopus japanicus*
③ *Rhizopus peka*
④ *Rhizopus tonkinensis*

04. 다음 〈보기〉에서 설명하는 세포 소기관은 무엇인가?

〈보기〉
• 사립체라고도 불리운다.
• 세포의 에너지인 ATP를 생성하는 기관이다.
• 이중막을 지니며, 내막은 넓은 표면적을 얻기 위해 cristae 구조를 지닌다.

① chloroplast
② mitochondria
③ endoplasmic reticulum
④ cytoskeleton

05. 상면효모와 하면효모를 비교한 것으로 옳지 않은 것은?

	상면효모	하면효모
①	연결세포 적음	연결세포 많음
②	라피노스 비발효	라피노스 발효
③	발효작용 빠름	발효작용 느림
④	최적온도 10 ~ 25℃	최적온도 5 ~ 10℃

06. 세포호흡에서 피루브산 2몰이 미토콘드리아로 들어가 생성된 NADH가 전자전달계를 거쳐 생성하는 ATP는?

① 6 ATP
② 12 ATP
③ 24 ATP
④ 38 ATP

07. 고세균(archaea)에 대한 설명으로 옳은 것은?

① 진핵생물이 아니므로 세균과 유사점을 보이는 부분이 많다.
② 극호염균(extreme halophile)은 크렌고세균문에 속한다.
③ 세포 소기관을 가지지 않은 대부분의 원핵생물이 여기에 속한다.
④ 핵막, 막으로싸인 소기관, 펩티도글리칸이 없다.

08. 고선량의 방사선을 조사하여 포자를 만드는 세균, 특히 내열성이 높고 독소를 생산하는 미생물의 살균을 목표로 하는 살균처리를 무엇이라 하는가?

① Radappertization
② Radiation sterilizaion
③ Radicidation
④ Radurization

09. 1944년 왁스먼(Waksman)은 이 균에서 항생제 스트렙토마이신을 발견하였으며, 젤라틴 등의 단백질을 분해하는 힘이 강한 이 균은 무엇인가?

① Streptomyces aureofaciens
② Streptococcus faecalis
③ Streptomyces griseus
④ Streptococcus lactis

10. 미생물의 증식곡선에 대한 설명으로 옳지 않은 것은?

① 미생물의 세포 증식은 시그모이드(sigmoid) 곡선을 나타낸다.
② 대수기에는 세포의 증식속도가 사멸속도보다 매우 빠르므로 세포수가 최대를 유지한다.
③ 유도기에는 DNA 함량이 일정하나, 대수기에는 DNA 함량이 증가한다.
④ 사멸기에는 정지기에 비해 생균수의 양이 감소한다.

11. 바실러스(Bacillus) 속에 대한 설명을 바르게 연결한 것은?

① B. coagulans – flat sour 변패 원인균
② B. natto – 전분분해효소 비생성
③ B. anthracis – 구토형 식중독의 원인균
④ B. stearothermophilus – 저온균

12. (가), (나) 안에 들어갈 말을 바르게 연결한 것은?

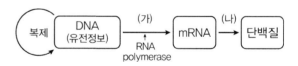

① 가 – 전사(translation),
　나 – 번역(transformation)
② 가 – 형질도입(transduction),
　나 – 접합(transcription)
③ 가 – 전사(transcription),
　나 – 번역(translation)
④ 가 – 형질전환(conjugation),
　나 – 형질도입(transformation)

13. 독성파지(virulent phage) 증식 단계를 바르게 나열한 것은?

① 부착 → 용균 → 침투 → 숙주 DNA 분해 → 복제 → 파지 단백질 합성 및 조립 → 방출
② 부착 → 침투 → 용균 → 방출 → 파지 DNA 복제 → 파지 단백질 합성 → 조립
③ 부착 → 파지 DNA 주입 → 숙주 DNA 복제 → 파지 단백질 합성 → 조립 → 용균 → 방출
④ 부착 → 침투 → 파지 DNA 복제 → 파지 단백질 합성 → 조립 → 용균 → 방출

14. 미생물의 증식에 영향을 미치는 인자를 바르게 구분한 것은?

① 화학적 인자 – 광선
② 내적 인자 – 미생물의 상호작용
③ 외적 인자 – 산화환원전위
④ 물리적 인자 – 수분

15. 파스퇴르(Louis pasteur)가 주장했던 학설이나 발견한 사실이 아닌 것은?

① 생물속생설 주장
② 효모의 알코올 발효에 대한 개념 확립
③ 병원균(germ theory)설 확립
④ 저온살균법 개발

16. 자낭포자를 형성하는 효모가 아닌 것은?

① *Saccharomyces*
② *Pichia*
③ *Hanseniaspora*
④ *Torulopsis*

17. 세균의 세포벽(cell wall)에 대한 설명으로 옳은 것은?

① 그람음성균 세포벽에는 지질테이코산, 지질다당류 및 지단백질 등을 지닌다.
② 펩티도글리칸은 N-acetylglucosamine과 N-acetylmuramic acid가 β-1,4 글리코시드 결합으로 구성되어 있다.
③ 그람양성균은 세포막과 외막사이에 주변 세포질 공간이 잘 발달되어 있다.
④ 고세균은 세포벽이 그람양성균처럼 두꺼우나, 지질을 매우 많이 함유한다.

18. 곰팡이에 대한 설명으로 옳은 것은?

① 동충하초는 이담자균류에 속한다.
② *Mucor* 속은 접합균류에 속하며, 무성포자로는 유주자를 형성한다.
③ *Aspergillus* 속은 자낭균류에 속하며, 무성포자로는 분생포자를 형성한다.
④ *Fusarium* 속은 반자낭균류에 속한다.

19. 초산균(acetic acid bacteria)에 대한 설명으로 옳지 않은 것은?

① 그람음성의 편성혐기성균
② 알코올을 산화하여 초산을 생성
③ 액면에 피막을 형성하기도 함
④ 생육 적온은 30℃ 전후

20. 진핵세포의 소기관 중 리보솜(ribosome)에 대한 설명으로 옳은 것은?

① 골지체로부터 분비된 소낭으로 다양한 가수분해 효소를 함유한다.
② 4 ~ 8개의 납작한 주머니 모양의 시스터네가 떨어진 형태의 소기관이다.
③ 인(nucleolus)과 rRNA(ribosomal RNA)로 구성되어 있다.
④ 미토콘드리아와 엽록체는 원핵세포와 비슷한 70S 리보솜을 지닌다.

제2회 최종모의고사

응시번호_____ 성명_____ 점수_____점

01. 거미줄 곰팡이로 알려진 *Rhizopus* 속에 대한 설명으로 옳은 것은?

① 가근과 가근 사이에서 포자낭병이 생기며, 포자낭이 작은 서양배 모양이다.

② *R. nigricans*는 전분당화력과 펙틴분해력이 강해 고구마의 연부원인균이며, 생육적온이 37℃ 정도이다.

③ *R. pusillus*는 우유단백질 응고에 필요한 응유효소(rennin)을 생산하는 균주로 알려져 있다.

④ 일본코지(koji)에서 분리한 *R. japonicus*는 amylomyces β로 불리우며, 라피노스를 발효한다.

02. 다음 〈보기〉에서 진핵세포의 특징을 모두 고른 것은?

> ───── 〈보기〉 ─────
> 가. 세포막이나 메소솜에서 세포호흡이 일어난다.
> 나. 핵이 핵막에 싸인 형태로 존재하며, 유사분열로 세포가 분열한다.
> 다. 복잡한 구조의 세포벽을 지니며, 편모가 존재한다.
> 라. 세포막, DNA, 인, 미토콘드리아, 골지체, 소포체 등을 지닌다.

① 가, 다   ② 나, 라
③ 가, 나, 다   ④ 라

03. 효모가 지니는 포자 형태를 바르게 연결한 것은?

① *Hansenula anomala* - 모자형
② *Saccharomyces cerevisiae* - 신장형
③ *Debaryomyces* - 가시있는 구형
④ *Kluyveromyces marxianus* - 침상형

04. 독립영양균인 광합성균과 화학합성균을 비교한 것으로 옳지 않은 것은?

① 독립영양균은 탄소원으로 이산화탄소(CO_2)를 이용한다.

② 황세균(*Thiobacillus*)은 빛을 이용하지 않는다.

③ 화학합성균은 화학에너지 생성 시 산소를 요구하지 않는다.

④ 녹색세균, 남세균, 홍색황세균은 광합성균에 해당된다.

05. 다음 중 미생물의 증식측정법이 아닌 것은?

① 비탁법(turbidometry)
② 소적배양법(hanging drop preparation)
③ 건조균체량(dry cell weight)
④ 원심침전법(packed cell volume)

06. Robert Koch에 대한 설명으로 옳지 않은 것은?

① 특정한 세균이 질병을 일으킴을 증명하고, 하나의 미생물이 하나의 특정한 질병을 일으킨다고 최초로 발표하였다.

② 젤라틴을 첨가한 고체배지를 만들어 세균의 순수분리(pure culture)에 성공하였다.

③ 젖산발효에 관한 연구를 통하여 산소의 존재하에서는 자랄 수 없는 혐기성 세균을 발견하였다.

④ 탄저균, 콜레라균, 결핵균 등 다양한 병원성 세균을 발견하였다.

07. *Penicillium* 속의 특징을 바르게 연결한 것은?

① *Penicillium roqueforti* – 카망베르 치즈 숙성

② *Penicillium toxicarium* – 황변미독인 루테오스키린 생성

③ *Penicillium expansum* – 감귤류의 푸른 곰팡이병

④ *Penicillium notatum* – 최초의 페니실린 생성균

08. *Lactobacillus* 속에 대한 설명으로 옳은 것은?

① 그람양성의 미호기성 균이며, 모두 정상유산발효균이므로 산에 대한 내성이 강하다.

② *Lb. delbrueckii* 는 생육적온이 40 ~ 44℃로 높은 편이며, 전분당화액으로부터 유산제조에 이용된다.

③ *Lb. casei* 와 *Lb. bulgaricus* 는 요구르트 생산 공정에서 스타터로 첨가된다.

④ 정상유산발효균인 *Lb. plantarum* 과 *Lb. brevis* 는 내산성이 강하여 김치의 발효후기에 많이 검출된다.

09. 미카엘리스 상수(K_m)에 대한 설명으로 옳지 않은 것은?

① 반응속도가 최대반응속도(V_{max})의 절반일 때 기질농도를 의미한다.

② K_m 값이 낮을수록 효소의 기질에 대한 친화도가 높다.

③ 비경쟁적저해제 처리 시 K_m 값은 감소한다.

④ 경쟁적저해제 처리 시 K_m 값은 증가한다.

10. 버섯류는 하나의 세포에 2개의 핵이 존재하는 2핵균사가 존재하며, 이는 세포가 분열될 때 (가)를 형성하여 두 개의 핵이 동시에 분열하기 때문으로 담자균류가 다른 진균류의 균사와 다른 점이다. 다음 중 (가)에 들어갈 말은?

① 담자기

② 경자

③ 균사체

④ 취상돌기

11. 시험관을 그대로 세워 배지를 굳힌 것으로 주로 세균의 성상검사, 혐기성균의 보존 및 균의 운동성여부 확인 등에 사용되는 배지는?

① butt media

② plate media

③ slant media

④ semi-slant media

12. 미생물 세포의 구조와 기능에 대한 설명으로 옳은 것은?

① 세포골격은 세포벽 내에서 세포의 형태를 유지하기 위한 망상구조를 말한다.

② 활면소포체는 세포와 근육수축을 위한 칼슘을 저장하는 기능을 한다.

③ 스트로마(stroma)는 엽록소를 비롯하여 광합성에 필요한 구성요소들이 함유된 납작한 주머니 형태의 기관이다.

④ 핵막에는 핵과 세포질 사이의 성분을 교환할 수 있는 인(nucleolus)이 존재한다.

13. RNA(ribonucleic acid)에 대한 설명으로 옳지 않은 것은?

① mRNA는 단백질 합성의 주형 역할을 한다.
② tRNA는 부분적 이중 나선구조를 가지고 있다.
③ tRNA의 3-말단에 번역하고자 하는 아미노산의 역코돈을 지닌다.
④ 코돈(codon)은 모든 생물에서 공통적이다.

14. 조류(algae)를 바르게 분류한 것은?

① 홍조류 – 청각, 우뭇가사리
② 규조류 – 돌말, 볼복스
③ 녹조류 – 파래, 해캄, 흔들말
④ 갈조류 – 다시마, 미역, 톳

15. 내생포자(endospre)에 대한 설명으로 옳은 것은?

① 내생포자는 단단한 내구체이며 밀도가 높고, 수분 함유량이 적으며 독자적인 DNA를 가지게 된다.
② 포자가 형성될 때 중앙이 영양세포보다 굵은 부분이 나타나는 것을 Plectridium 형이라고 한다.
③ Dipicolinic acid는 포자의 DNA와 강하게 결합하여, 외부환경으로부터 DNA를 보호하는 것으로 알려져 있다.
④ 포자는 외부에서부터 spore wall – exosporium – spore coat – cortex – core wall – core 순서로 이루어져 있다.

16. 20분마다 분열하는 균의 초기 균수가 8.0×10^1개일 때, 2시간 후의 세균수는?

① 5.12×10^4
② 5.12×10^3
③ 1.28×10^4
④ 1.28×10^3

17. 대표적인 산막효모의 생육 및 특성을 비교한 것으로 옳은 것은?

① Hansenula anomala 는 알코올을 소비하고 당 발효성이 낮으며, 김치류 표면에 하얀 피막을 생성한다.
② Hansenula 속은 질산염을 자화하지 못하고, 절인채소나 고기에서 볼 수 있는 내염성 산막효모이다.
③ Pichia 속과 Debaryomyces 속은 다극성 출아법으로 증식하고 질산염을 자화하지 못한다.
④ Pichia 속은 알코올로부터 에스터(ester)를 생성하여 과일향을 형성하므로 청주 숙성 시 작용하는 것도 있다.

18. DNA 복제과정에 관여하는 효소가 아닌 것은?

① DNA polymerase II
② topoisomerase
③ primase
④ ligase

19. 세균, 고세균 및 진핵생물로 구분된 3영역을 비교한 것으로 옳은 것은?

① 세균은 원형의 염색체를 지니나, 고세균과 진핵생물은 선형의 염색체를 지닌다.

② 세균은 70S 리보솜을 지니나, 고세균과 진핵생물은 80S 리보솜을 지닌다.

③ 세균과 고세균은 DNA-히스톤 복합체가 없으나, 진핵생물은 있다.

④ 세균은 펩티도글리칸이 있으나, 고세균과 진핵생물은 펩티도글리칸이 없다.

20. 다음 〈보기〉에서 설명하는 효모는 무엇인가?

─── 〈 보기 〉 ───
- 내삼투압성효모
- 60 ～ 70% 당액에서 발육
- 벌꿀이나 시럽의 변질

① *Zygosaccharomyces major*
② *Saccharomyces mellis*
③ *Saccharomyces robustus*
④ *Kluyveromyces fragilis*

제3회 최종모의고사

응시번호_____ 성명_____ 점수_____점

01. 접안 마이크로미터의 12눈금과 대물 마이크로미터의 4눈금이 일치하는 배율로 어떤 세포를 관찰했을 때, 세포의 길이가 접안 마이크로미터 6눈금이었다면 세포의 길이는?

① $2\mu m$

② $8\mu m$

③ $18\mu m$

④ $20\mu m$

02. 다음 〈보기〉의 분류기준에 해당되는 세균은?

───── 〈보기〉 ─────
장내세균과, 그람음성, 통성혐기성, 비운동성균

① *Yersinia* 속

② *Shigella* 속

③ *Serratia* 속

④ *Salmonella* 속

03. *Mucor* 속에 대한 설명으로 옳은 것은?

① *M. racemosus*는 과일의 부패와 알코올발효에 관여하며 monomucor에 속한다.

② *M. pusillus*는 Java의 Ragi에서 분리되었으며, 치즈제조 시 이용되는 응유효소를 생산한다.

③ Monomucor에 속하는 *M. hiemalis*는 펙티네이스 분비력이 강하다.

④ *M. javanicus*는 cymomucor에 속하며, 최초의 아밀로법 균이다.

04. 효모의 혐기적 대사 형식을 바르게 연결한 것은?

① Neuberg 발효 제2형식:
$C_6H_{12}O_6 \rightarrow C_3H_5(OH)_3 + CH_3CHO + CO_2$

② 알코올발효:
$C_6H_{12}O_6 \rightarrow 2C_2H_5OH + CH_3COOH + 2CO_2$

③ Neuberg 발효 제3형식:
$2C_6H_{12}O_6 \rightarrow 2C_3H_5(OH)_3 + CH_3COOH + 2CO_2$

④ 알코올발효:
$C_6H_{12}O_6 \rightarrow 2C_2H_5OH + CH_3CHO + CO_2$

05. 식품 내 미생물의 증식에 영향을 미치는 요인에 대한 설명으로 옳지 않은 것은?

① 곰팡이, 초산균, *Micrococcus* 등은 생육에 있어서 절대적으로 산소를 요구하는 균이다.

② 저온균은 중온균에 비해 세포막 내 불포화지방산 함량이 높으므로 낮은 온도에서도 유동성을 유지할 수 있다.

③ 내염균은 높은 소금 농도에서는 자랄 수 있지만, 2% 이하의 염분 배지에서는 증식하기 어렵다.

④ 식품의 수증기압은 순수한 물의 수증기압에 비해 항상 낮다.

06. Petroff-Hausser 계수기를 이용하여 세균수를 검경한 결과, 1구역 내에 50개의 세균이 존재한다면 mL당 세균수는 얼마인가?

① 2.5×10^6

② 2.5×10^7

③ 6.25×10^6

④ 6.25×10^7

07. 진핵세포 내 소기관의 기능과 역할에 대한 설명으로 옳은 것은?

① 리소솜은 골지체에서 유리된 소낭으로 다양한 가수분해효소를 함유하며, 주로 식물세포에서 발견된다.

② 리보솜이 부착되어 있지 않은 조면소포체는 주로 단백질 합성이 일어나는 장소이다.

③ 엽록체에 존재하는 틸라코이드(thylakoid)는 녹색색소인 클로로필을 함유하며, 그라나(grana)라는 집합체를 형성한다.

④ 미세섬유(microfilament)는 가장 큰 섬유로 세포분열과 염색체 이동에 관여하며, 편모 및 섬모 운동에 관여한다.

08. 다음 곰팡이 중 반자낭균류에 속하지 않는 것은?

① *Botrytis* 속
② *Ashbya* 속
③ *Byssochlamys* 속
④ *Eremothecium* 속

09. 야생효모와 배양효모를 비교한 것으로 옳은 것은?

① 배양효모는 원형이나 타원형을 나타내며, 액포와 크기가 작다.

② 야생효모는 발육온도가 높은 편이며, 액내 분산이 용이하다.

③ 배양효모는 토양이나 과실의 양조 유해균이 많다.

④ 야생효모는 산이나 건조한 환경에서 저항력이 강하며, 단시간에 포자를 형성할 수 있다.

10. 여러 종류의 미생물이 혼재할 때, 어떤 균이 생성하는 대사산물로 인해서 다른 균의 생육이 억제되는 현상을 (A)이라 한다. 괄호 안에 들어갈 말은?

① Competition
② Antagonism
③ Commensalism
④ Synergism

11. 다음 〈보기〉에서 설명하는 효모는?

〈보기〉
• 구형, 다극성 출아
• 적색의 색소 형성
• 건조균체 중량의 60% 지방을 축적

① *Rhodotorula glutinis*
② *Lipomyces starkeyi*
③ *Torulopsis versatilis*
④ *Kloeckera apiculata*

12. *Aspergillus* 속에 대한 설명으로 옳지 않은 것은?

① *Asp. oryzae* 의 경우 균사길이가 짧은 단모균은 단백분해력이 강하다.

② *Asp. niger* 의 경자는 보통 2단이며, 유기산 발효공업에 이용된다.

③ *Asp. kawachii* 는 흑국균으로 검은색 포자를 형성한다.

④ *Asp. glaucus* 는 삼투압이 높은 곳에서 발육할 수 있는 풀색곰팡이다.

13. 다음 〈보기〉에서 설명하는 세포의 구조는?

> ─── 〈보기〉 ───
> - 세균의 건조나 독성물질로부터 자신을 보호
> - 숙주의 식균세포나 조직세포로부터 포식되거나 소화됨을 방어
> - 세균의 기질 또는 세균끼리의 부착
> - 탈수 등으로부터 세포보호
> - 파지로부터 보호

① 세포벽
② 점질층과 협막
③ 리소솜
④ 액포

14. 바이러스(virus)에 대한 설명으로 옳은 것은?

① 박테리오파지는 거의 모든 종류의 세포에 기생할 수 있다.
② 바이러스는 세포 내와 세포 외에 존재할 때 상태가 다르며, 세포 내에 있는 바이러스를 virion이라 한다.
③ 정이십면체형 바이러스에는 아데노바이러스, 박테리오파지, 폴리오바이러스 등이 있다.
④ Capsid 단백질은 capsomere라는 작은 조각으로 되어있다.

15. 효모의 종류에 따라 배수체와 반수체의 시기가 다르다. 다음 중 배수체 시기가 길고, 반수체 시기가 짧은 효모가 아닌 것은?

① *Hansenula*
② *Saccharomycodes*
③ *Debaryomyces*
④ *Saccharomyces*

16. 미생물의 공식명칭인 학명은 속명과 종명을 조합한 이명법을 사용한다. 이에 대한 설명으로 옳은 것은?

① 미생물 이름을 손으로 기재할 경우 이탤릭체를 사용한다.
② 특정 미생물의 속을 모두 통틀어서 지칭하고자 복수형으로 표기할 때는 sp.를 붙인다.
③ 같은 종명을 갖더라도 성질이 다른 경우 종명 다음에 기호나 숫자를 붙여 균주를 구별한다.
④ 첫 번째 단어와 두 번째 단어의 첫 글자는 모두 대문자로 쓰고 나머지 글자는 모두 소문자로 쓴다.

17. 세균에 대한 설명으로 옳지 않은 것은?

① *Staphylococcus epidermidis* – coagulase 양성
② *Bacillus subtilis* – 항균물질 생산
③ *Pediococcus sojae* – 간장덧의 pH를 약산성으로 유지
④ *Corynebacterium glutamicum* – 그람양성의 통성혐기성 간균

18. 다양한 효모의 생육 특성을 바르게 연결한 것은?

① *Saccharomyces fragilis* – 무포자 – 마유주스타터
② *Schizosaccharomyces mellacei* – 자낭포자형성 – 럼주제조에 사용
③ *Cryptococcus laurentii* – 담자포자형성 – 카로티노이드 색소형성
④ *Torulopsis versatilis* – 무포자 – 유지효모

19. 미생물 배양에 필요한 영양소에 대한 설명으로 옳지 않은 것은?

① 대부분의 미생물과 달리 질소고정균(*Azotobacter* 속, *Rhizobium* 속 등)은 공기중의 질소를 고정하여 이용할 수 있다.

② 세균이 발육하는 데 적당한 당의 농도는 0.5 ~ 2.0%이다.

③ 황(S)은 세포호흡에 중요한 효소(cytochrome, catalase, peroxidase)의 구성성분이다.

④ 비오틴, 판토텐산, 비타민 B_6 등은 효모의 발육인자에 해당한다.

20. 다음 그림은 세균의 세포벽을 나타낸 것이다. 이에 대한 설명으로 옳은 것은?

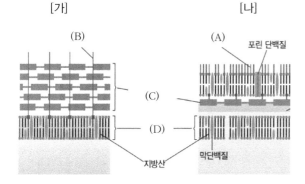

① *Bacillus* 속은 [가] 구조의 세포벽을 지니고, *Lactobacillus* 속은 [나] 구조의 세포벽을 지닌다.

② (A)는 음전하를 띠게 하여 세포의 응집을 막고 이온의 통과에 영향을 미친다.

③ (B)는 내독소로 작용할 수 있다.

④ 페니실린은 (C)의 연결을 방해하므로 세포벽이 매우 약해지고 결국 균주를 사멸시킬 수 있다.

제4회 최종모의고사

응시번호_____   성명_____   점수_____점

01. transfer RNA에 대한 설명으로 옳은 것은?

① 자신이 운반하는 아미노산의 코돈에 반대하는 역코돈을 지닌다.
② 변형염기가 존재하지 않는다.
③ 5′ 말단의 리보스에서 특정 아미노산과 에스테르 결합한다.
④ 클로버 잎과 같은 모양이며, 이중 나선구조이다.

02. 곰팡이나 효모 배양 시 사용하는 배양배지가 아닌 것은?

① 코지추출물
② 펩톤수
③ 과즙
④ Czapeck-Dox씨 액

03. *Monascus* 속에 대한 설명으로 옳지 않은 것은?

① 홍국곰팡이 또는 빨간누룩곰팡이라 불린다.
② *M. anka*는 대만 홍국의 종균이며, 펙티네이스 분비력이 강해 과즙청징제로 이용된다.
③ 갈색의 피자기를 형성하며, 원통형의 자낭안에 4 ~ 8개의 자낭포자가 존재한다.
④ 무성생식 시 균사의 곁가지에 분생자가 연결되어 착생한다.

04. 효모의 영양증식방법을 바르게 연결한 것은?

① 분열법 – *Candida*, *Torulopsis*
② 다극성출아 – *Saccharomyces*, *Endomycopsis*
③ 출아분열법 – *Schizosaccharomyces*, *Saccharomycodes*
④ 양극성출아 – *Kloeckera*, *Hanseniaspora*

05. 전분분해효소에 대한 설명으로 옳은 것은?

① β-아밀레이스는 액화효소로 말토스를 다량 생성한다.
② α-아밀레이스는 전분의 끝에서부터 순서대로 가수분해하여 글루코스를 생성한다.
③ glucoamylase, isoamylase, pullulanase는 아밀로펙틴의 α-1,6 결합을 분해할 수 있다.
④ *Streptomyces* 속은 glucoamylase 생성균이다.

06. 다음 〈보기〉에서 남조류(남세균)에 대한 설명으로 옳은 것을 모두 고른 것은?

┌─────── 〈보기〉 ───────┐
가. 핵막이 없는 세균과 유사한 원시핵 세포
나. 엽록소 a와 c, 피코시아닌을 지님
다. 흔들말, 염주말, 아나베나
라. 엽록체가 없으며, 유성생식으로만 증식
└──────────────────────┘

① 가, 나, 다
② 나, 라
③ 가, 다
④ 가, 나, 다, 라

07. 다음 중 내생포자를 형성하는 그람양성 구균은?

① *Sporosarcina*
② *Bacillus*
③ *Desulfotomaculum*
④ *Clostridium*

08. 다양한 유산균에 대한 설명으로 옳지 않은 것은?

① *Pediococcus* 속은 쌍구균 또는 사련구균으로 내염성을 갖고 있어 간장 등의 발효에 관여하는 유산균이다.
② *Leuconostoc* 속은 그람양성의 간균으로 당을 분해하여 유산 이외에 초산, 에탄올, CO_2 등을 생성하는 이상유산발효균이다.
③ *Lactococcus* 속은 정상유산발효균으로 치즈, 버터 등의 생산에 이용되어 왔으며, 항균물질을 생성하기도 한다.
④ *Lactobacillus* 속은 산에 대한 내성이 강하며, 요구르트, 치즈, 발효채소 등의 제조에 광범위하게 이용되고 있다.

09. (가)는 색이 없고 투명한 시료라도 그 내부의 구조를 관찰할 수 있는 특수현미경으로, 살아있는 세포에 들어있는 작은 기관을 관찰할 때 매우 유용하게 이용된다. (가)에 들어갈 말은?

① 실체 현미경(stereo microscope)
② 암시야 현미경(dark field microscope)
③ 형광 현미경(fluorescence microscope)
④ 위상차 현미경(phase contrast microscope)

10. '낫모양 적혈구 빈혈증'의 발생원인은 무엇인가?

① DNA의 침묵(silent) 돌연변이
② DNA의 사슬종료(nonsense) 돌연변이
③ DNA의 미스센스(missense) 돌연변이
④ DNA의 프레임이동형(frame shift) 돌연변이

11. 1969년 Whittaker가 발표한 생물의 분류기준이 아닌 것은?

① 균계
② 고세균계
③ 원핵생물계
④ 원생생물계

12. 다음 〈보기〉의 반응과정을 통해 에너지를 합성하는 균주는?

〈보기〉

$$6CO_2 + 12H_2 \xrightarrow{\text{빛에너지}} C_6H_{12}O_6 + 6H_2O$$

① 수소세균
② 녹색황세균
③ 남세균
④ 녹색세균

13. 내생포자 내 비염색성 구조체로 알려져 있으며, 펩티도글리칸으로 구성된 것은?

① exosporium
② spore coat
③ cortex
④ core wall

14. 다음 〈보기〉에서 식품의 변질을 일으키는 유해세균을 모두 고른 것은?

― 〈보기〉 ―

가. *Acetobacter xylinum*
나. *Lactobacillus homohiochi*
다. *Bacillus circulans*
라. *Erwinia carotovora*

① 가, 나, 다
② 나, 라
③ 가, 다
④ 가, 나, 다, 라

15. *Saccharomyces* 속에 대한 설명으로 옳은 것은?

① *S. ellipsoideus* – 세포는 타원형이며, 포도과피에서 분리된 하면효모이다.
② *S. carlsbergensis* – 맥주발효에 이용하는 하면효모로 melibiose를 발효하지 못한다.
③ *S. robustus* – 사과주에서 분리된 타원형의 상면효모로 좋은맛을 부여하는 사과주효모이다.
④ *S. rouxii* – 간장표면에 곱이라는 산막을 형성하는 내염성 효모이다.

16. 피루브산(pyruvate) 한 분자가 완전히 분해되었을 때 생성되는 ATP는?

① 12ATP
② 15ATP
③ 30ATP
④ 38ATP

17. 유산균(lactic acid bacteria)에 대한 설명으로 옳은 것은?

① Nonexacting 균
② 영양요구성 낮음
③ G+C 함량이 50% 이상
④ catalase 음성

18. 바이러스는 캡시드의 구조에 따라 나선형, 정이십면체형, 복합형 등의 형태로 분류한다. 다음 중 정이십면체형 캡시드를 지닌 바이러스가 아닌 것은?

① rabies virus
② polio virus
③ hepatitis A virus
④ adenovirus

19. 조상균류에 대한 설명으로 옳지 않은 것은?

① 균사에 격벽이 없고, 다핵체적 세포의 특징을 지닌다.

② *R. delemar*와 *A. lichtheimi*는 중국 소홍주에서 분리한 균이다.

③ 접합균류에는 난균류, 털곰팡이, 거미줄곰팡이, 가지곰팡이 등이 있다.

④ Monomucor는 포자낭병이 균사에서 단독으로 뻗어서 분지하지 않은 형태이다.

20. 다음 〈보기〉에서 설명하는 미생물 재조합 방법은?

───── 〈보기〉 ─────

숙주세균의 영양 요구성이나 약제내성 및 항원 특이성 등이 용원성 파지를 매개로 하여 유전물질 DNA가 해당 수용세균으로 수송되고, 다시 재조합 반응을 통하여 새로운 형질이 전달되는 현상

① protoplast fusion
② conjugation
③ transformation
④ transduction

제5회 최종모의고사

응시번호 _____ 성명 _____ 점수 _____ 점

---

01. 조면소포체(RER)와 활면소포체(SER)의 특성을 바르게 연결한 것은?

① 조면소포체 – 독성화합물 분해
② 활면소포체 – 표면에 다량의 리보솜을 지님
③ 조면소포체 – 인지질, 스테로이드 합성
④ 활면소포체 – 세포와 근육수축을 위한 칼슘저장

02. 효모의 영양증식방법에 대한 설명으로 옳지 않은 것은?

① *Saccharomyces*, *Pichia*, *Lipomyces* 등은 다극성 출아방식으로 증식한다.
② *Schizosaccharomyces*는 분열방식으로 증식한다.
③ *Candida*, *Pichia*, *Cryptococcus*는 위균사를 형성한다.
④ *Hanseniaspora*, *Kloeckera*, *Nadsonia* 등은 양극성 출아방식으로 증식한다.

03. 조류(algae)에 대한 설명으로 옳은 것은?

① 진핵생물역의 원생동물계에 포함된다.
② 유글레나류는 편모운동을 하고, 엽록소 a와 b를 지닌다.
③ 다시마, 미역, 김은 갈조류에 속하며, 다세포형이다.
④ 형태에 따라 남조류, 갈조류, 녹조류 등으로 나눌 수 있다.

04. 다음은 버섯의 생활사 일부를 설명한 것이다. 괄호 안에 들어갈 말을 바르게 연결한 것은?

- 식용부분인 버섯의 (가)에는 담자기가 나열되어 있다.
- 담자기 안에 핵이 융합한 후 감수분열하여 (나)을 만든다.
- 1차 균사와 다른 1차 균사가 만나서 접합하는 경우, 세포질만 융합되고 핵은 융합되지 않는 상태가 되어 하나의 세포에 2개의 핵이 존재하는 2핵 균사 상태가 된다. 세포가 분열될 때 (다)를 형성하여 두 개의 핵이 동시에 분열한다.
- (라)를 버섯이라고 한다.

① (가) – 각포
② (나) – 균반
③ (다) – 취상돌기
④ (라) – 2차 균사

05. 바이러스에 대한 설명으로 옳지 않은 것은?

① 외피의 존재 유무에 따라 naked 또는 enveloped로 분류할 수 있다.
② 캡시드는 나선형, 정20면체형 또는 복합구조로 분류할 수 있다.
③ 비외피성바이러스의 경우 뉴클레오캡시드(nucleocapsid)는 비리온과 동일하다.
④ 아데노바이러스는 외피가 없고 선형의 이중가닥 DNA를 지니며, 나선형의 캡시드를 가지고 있다.

06. 비타민 B$_2$(리보플라빈)를 생성하는 미생물이 아닌 것은?

① *Bacillus megaterium*
② *Candida robusta*
③ *Debaryomyces hansenii*
④ *Eremothecium ashbyii*

07. 그람염색(Gram stain)에서 요오드 용액(iodine solution)이 수행하는 역할에 해당하는 것은?

① 고정제(fixative)
② 매염제(mordant)
③ 염색제(stain)
④ 용해제(solublizer)

08. 고농도의 식염 존재하에서 미생물의 생육이 저해되는 원인을 모두 고른 것은?

> 가. 삼투압의 증가로 인한 원형질 분리
> 나. 효소의 활성 저해
> 다. 염소의 살균작용
> 라. 이산화탄소에 대한 감수성 감소

① 가, 나, 다
② 가, 다
③ 나, 라
④ 라

09. 고세균은 세균, 진핵생물과 구별되는 특징을 가지고 있다. 다음 중 고세균이 갖는 특성으로 옳지 않은 것은?

① 세포막 지질은 에테르결합에 의해 가지가 있는 탄화수소사슬이 글리세롤에 연결된 형태이다.
② 단백질 합성 개시아미노산은 메티오닌이다.
③ 핵막, 리보솜 및 막으로 싸인 소기관이 없다.
④ 펩티도글리칸은 없으나, DNA-히스톤 복합체는 존재한다.

10. 다음 〈보기〉의 반응과정은 포도당이 이산화탄소(CO_2)로 분해되는 과정에서 나타나는 반응들이다. 이산화탄소가 생성되는 반응과정을 모두 고른 것은?

> ─────〈보기〉─────
> 가. succinate → fumarate
> 나. isocitrate → α-ketoglutarate
> 다. pyruvate → acetyl-CoA
> 라. oxaloacetate → citrate

① 가, 라
② 나, 다
③ 가, 나, 다
④ 나, 다, 라

11. 현대 미생물학과 분자생물학의 발전에 공헌한 학자들과 그 업적을 바르게 연결한 것은?

① 왓슨과 크릭 – DNA의 이중나선구조 확인 및 오페론설(operon theory) 제안
② 비들과 테이텀 – 특정 병원균이 특정 질병을 일으킨다는 병원균설(germ theory)을 확립
③ 에이버리 등 – 폐렴쌍구균을 이용하여 형질전환(transformation) 현상 발견
④ 모노와 자코브 – 3개의 염기배열(triplet)이 특정의 아미노산 한 개를 지칭한다는 것 증명

12. 산막효모(*Pichia*, *Debaryomyces*, *Hansenula*)에 대한 설명으로 옳지 않은 것은?

① 모두 다극성 출아방식으로 증식한다.

② *Debaryomyces*와 *Pichia*는 질산염을 자화하지 못한다.

③ *Debaryomyces*는 내염성이 강하여 절임식품이나 절임고기에서 자주 발견된다.

④ *Hansenula*는 푸마르산으로부터 말산을 생성하는 fumarase 활성이 강하다.

13. 자외선조사(ultraviolet irradiation)는 매우 효과적인 돌연변이 방법 중 하나이다. DNA가 자외선을 흡수할 때 형성되는 이합체(dimer)의 염기는?

① adenine 또는 cytosine

② adenine 또는 guanine

③ cytosine 또는 thymine

④ cytosine 또는 guanine

14. 식품 내 존재하거나 미생물이 생성하는 효소를 바르게 분류한 것은?

① 단백분해효소 − ficin, pepsin, chymotrypsin

② 지질분해효소 − lipase, rennin

③ 이성화효소 − isomerase, invertase

④ 전분분해효소 − cellulase, glucoamylase, α-amylase

15. 곰팡이에 대한 설명으로 옳은 것은?

① *Monascus anka*는 오렌지색 분생자를 지니며, 비타민 A의 원료로 이용되기도 한다.

② *Rhizopus tokinensis*는 *R. japonicus*와 달리 라피노스를 발효시키며, 푸마르산 생성능을 지닌다.

③ *Rhizopus oryzae*와 *Mucor javanicus*는 자바의 Ragi 곡자로부터 분리되었다.

④ *Botrytis cinerea*는 포도나 딸기 등에 흔히 발생하는 흑색곰팡이로 알려져 있다.

16. 세대시간이 20분인 균을 1시간 40분간 배양 후 균수를 측정했더니 3.2×10^4개 였다면 배양 전 균수는?

① 10,000

② 1,000

③ 500

④ 50

17. 미생물 증식 시 필요한 영양소에 대한 설명으로 옳은 것은?

① 대부분의 효모와 젖산균은 유당을 이용하지 못한다.

② 구리(Cu)는 cytochrome이나 catalase 등의 구성요소로서 세포 호흡에 중요한 역할을 한다.

③ 비오틴, 비타민 B_6, 판토텐산 등은 효모의 생육인자이다.

④ 미생물 배지의 최적 질소함량은 1 ~ 5% 정도이다.

18. 그람음성균의 형태 및 생육특성을 바르게 연결한 것은?

① Pathogenic *E. coli* – 통성혐기성, 주모성편모, 유당비분해
② *Pseudomonase* 속 – 카탈레이스 양성, 운동성, 색소생성
③ *Acetobacter* 속 – 편성호기성, 단구균, 카탈레이스 양성
④ *Erwinia* 속 – 편성혐기성, 간균, 운동성

19. 미생물 시험법에 대한 설명으로 옳은 것은?

① 동조배양은 배양 용기에 영양분이 보충되지 않고 일정 용적 배지내에서 진행되는 폐쇄적인 배양법이다.
② 균체의 크기를 측정하기 위해서 micrometer, colony counter 등을 사용한다.
③ 곰팡이 보존법에는 당액보존법, 동결건조법, 토양보존법, 모래배양법 등이 사용된다.
④ 뷰리관(burri tube)법은 혐기성균의 순수분리에 사용되는 방법이다.

20. 그람양성균과 그람음성균의 세포벽 구조 차이에 대한 설명으로 옳은 것은?

① 그람음성균의 세포벽에서 펩티도글리칸이 차지하는 비율은 10% 정도이다.
② 그람양성균의 외막은 포린(porin)을 활용하여 친수성 저분자 물질을 투과시킬 수 있다.
③ 그람양성균은 인지질 이중층의 외막(outer membrane)을 보유하며 테이코산(teichoic acid)이라 불리는 산성물질을 포함한다.
④ 그람음성균의 내막은 지질 이중층으로 인지질층과 지질다당류(lipopolysaccharide)층으로 구성되어 있다.

응시번호 _____   성명 _____   점수 _____ 점

01. 미토콘드리아(mitochondria)에 대한 설명으로 옳지 않은 것은?

① TCA 회로의 활성과 전자전달 및 산화적 인산화 과정에 의한 ATP 합성이 일어나는 곳이다.
② 내막은 주름이 많이 잡힌 크리스테(cristae) 구조를 이루고 있어서 표면적이 매우 넓다.
③ 외막은 기질(matrix)을 둘러싸고 있으며, 기질에는 리보솜과 DNA가 존재한다.
④ 다량의 에너지가 필요한 세포일수록 더 많은 미토콘드리아를 가지고 있다.

02. 다음 〈보기〉에서 설명하는 유산균은?

─── 〈보기〉 ───

• 김치, 피클, 사우어크라우트 등의 발효식품에서 많이 분리
• 이산화탄소를 생성하며 내산성이 강함
• 김치 발효 후기에 많이 검출됨

① *Lactobacillus plantarum*
② *Lactobacillus acidophilus*
③ *Pediococcus halophilus*
④ *Lactobacillus brevis*

03. 거미줄곰팡이로 알려진 *Rhizopus* 속에 대한 설명으로 옳지 않은 것은?

① 가근과 포복지가 존재하며 포자낭은 작은 서양배 모양이다.
② *R. nigricans* 는 푸마르산 생성력이 높다.
③ *R. delemar* 는 글루코아밀레이스 생산에 이용된다.
④ 아밀로마이세스(amylomyces) β라 불리는 곰팡이는 *R. japonicus* 이다.

04. 세균의 세포벽(cell wall)에 대한 설명으로 옳지 않은 것은?

① 그람양성균에 존재하는 테이코산은 음전하를 띠게 하여 세포의 응집을 막고 이온의 통과에 영향을 미친다.
② Acid-fast bacteria는 삼투적 용균으로부터 자신을 보호하기 위해 세포막에 스테롤을 지닌다.
③ 펩티도글리칸의 아미노당 골격은 N-acetylglu cosamine과 N-acetylmuramic acid가 β-1,4 결합에 의해 반복된다.
④ 그람음성균 외막에 존재하는 LPS의 독성성분은 지질 A(lipid A)라는 지질부분이다.

05. 미생물의 증식측정법이 아닌 것은?

① 건조균체량
② 비탁법
③ 동결건조법
④ 원심침전법

06. 휘태커(Whittaker)의 5계 분류에 따라 같은 계(kingdom)에 속하는 것끼리 묶인 것은?

가. 곰팡이	나. 고세균
다. 조류	라. 진정세균

① 가, 다
② 가, 나
③ 다, 라
④ 나, 라

07. 아밀로펙틴(amylopectin)이나 올리고당의 α-1,6 결합을 선택적으로 가수분해하는 효소로, 전분으로부터 포도당을 생산할 때 글루코아밀레이스와 함께 첨가되어 기질의 α-1,6 결합을 분해하는 역할을 수행하는 효소는?

① α-아밀레이스(α-amylase)
② 셀룰레이스(cellulase)
③ 플루라네이스(pullulanase)
④ β-아밀레이스(β-amylase)

08. 독성파지(virulent phage)의 증식단계를 순서대로 나열한 것은?

① 부착 → 침투 → 조립 → 증식 → 방출
② 부착 → 침투 → 증식 → 조립 → 방출
③ 부착 → 분해 → 침투 → 증식 → 방출
④ 부착 → 증식 → 침투 → 분해 → 방출

09. DNA 복제(replication)에 대한 설명으로 옳은 것은?

① 반보존적 복제가 일어나며 두 개의 가닥이 동시에 진행되지는 않는다.
② 선도가닥과 달리 지연가닥은 $3' \rightarrow 5'$ 방향으로 합성이 진행된다.
③ 단일가닥결합단백질은 복제가 시작될 때 DNA 이중나선구조를 풀어주는 역할을 한다.
④ 지연가닥이 전부 합성되면 DNA polymerase I 이 프라이머(primer)를 제거한다.

10. 그람염색법(Gram staining)에 대한 설명으로 옳지 않은 것은?

① 1차 염색 후 매염제의 기능을 하는 아세톤을 처리하여 세포를 강하게 염색한다.
② 탈색과정을 거치면 그람양성균은 크리스탈 바이올렛이 결합한 채로 남아있어 보라색을 유지하나, 그람음성균은 무색이 된다.
③ 크리스탈 바이올렛으로 염색 시, 모든 세포는 자색으로 염색된다.
④ 염색 과정을 모두 거친 후 그람양성균은 자색, 그람음성균은 적색으로 염색된다.

11. 다양한 특성에 따른 효모를 바르게 연결한 것은?

① 적색효모 – *L. starkeyi*, *K. fragilis*
② 하면효모 – *S. carlsbergensis*, *S. cerevisiae*
③ 내삼투압성효모 – *S. mellis*, *S. soya*
④ 간장발효유해효모 – *Z. major*, *Z. salsus*

12. 페니실리움(*Penicillium*) 속에 대한 설명으로 옳지 않은 것은?

① *P. islandicum*은 황변미를 유발하는 곰팡이로 지용성 및 수용성의 간장독을 생성한다.
② *P. camemberti*는 카망베르치즈 숙성에 관여하는 곰팡이로 녹색의 고운 반점을 생성한다.
③ *P. chrysogenum*은 페니실린 생산 균주로 글루코스 옥시데이스를 생성한다.
④ *P. digitatum*은 감귤류 푸른 곰팡이병의 원인균이다.

13. 진핵세포 내 소기관의 주요기능을 연결한 것으로 가장 옳은 것은?

① 세포막 – 세포의 모양유지 및 보호
② 인 – 유전정보 저장
③ 액포 – 세포 내 소화
④ 세포골격 – 세포의 구조와 활동 담당

14. 미생물학에 대한 파스퇴르(Louis Pasteur)의 공헌은 지대하다. 다음 중 파스퇴르의 업적이 아닌 것은?

① 음료변질과 부패는 세균 오염에 의해 일어남을 밝히고 저온살균법을 개발하였다.
② "모든 생물은 생물로부터 발생한다"는 생물속생설(biogenesis)을 입증하였다.
③ 감염된 토끼의 건조척수로부터 결핵균 백신을 개발하였다.
④ 누에의 견사병의 병원체를 알아내어 예방법을 고안해서 양잠업 발전에 지대한 공을 세웠다.

15. 편성혐기성균과 호기성균, 섬유소분해균과 비분해균, 단백분해균과 비분해균의 사이에서 분해균이 그 물질을 분해하여 비분해균에 영양소를 공급하여 주는 경우는 미생물의 상호작용 중 어느것에 해당되는가?

① 편리공생(commensalism)
② 상호공생(mutalism)
③ 공동작용(synergism)
④ 경합(competition)

16. 곰팡이와 포자를 바르게 연결한 것은?

① Mucor 속 – 유성포자 – 포자낭포자
② Monascus 속 – 무성포자 – 분생포자
③ Geotricum 속 – 무성포자 – 분생포자
④ Aspergillus 속 – 유성포자 – 접합포자

17. 내생포자의 구조 중 포자가 발아하게 되면 영양세포의 세포질이 되는 부분은?

① 피질(cortex)
② 포자막(spore coat)
③ 중심부(core)
④ 중심벽(core wall)

18. 자낭포자를 형성하는 유포자 효모가 아닌 것은?

① Rhodotorula glutinis
② Hansenula anomala
③ Schizosaccharomyces pombe
④ Saccharomycodes ludwigii

19. 원핵세포(prokaryotic cell)와 진핵세포(eukaryotic cell)를 비교한 것으로 옳은 것은?

		원핵세포	진핵세포
①	세포벽	존재 시 간단한 구조	화학적으로 복잡한 구조
②	선모	있음	없음
③	감수분열	있음	없음
④	핵막	있음	없음

20. 다음 〈보기〉에서 설명하는 효모는 무엇인가?

〈 보기 〉

- 산막효모
- 다극성출아
- 질산염 자화
- 모자형, 토성형의 포자형성

① *Pichia* 속
② *Debaryomyces* 속
③ *Hanseniaspora* 속
④ *Hansenula* 속

제7회 최종모의고사

응시번호 _____ 성명 _____ 점수 _____ 점

---

01. 다음 〈보기〉와 같은 생활사를 지니는 유포자 효모가 아닌 것은?

――― 〈 보기 〉 ―――

영양세포(2n) → 자낭 → 감수분열 → 자낭포자(n) → 접합자(2n) → 영양세포(2n)

① *Hansenula*
② *Saccharomycodes*
③ *Debaryomyces*
④ *Saccharomyces*

02. 다음 〈보기〉에서 위상차 현미경(phase contrast microscope)에 대한 설명을 모두 고른 것은?

――― 〈 보기 〉 ―――

가. 전자선을 이용하여 눈으로 직접 볼 수 없는 미세구조를 관찰하는 데 이용한다.
나. 배경을 어둡게 하고 사물은 밝게 보이도록 하여 미생물을 관찰한다.
다. 시료에 형광물질을 처리하여 관찰하는 방법이다.
라. 투명한 시료라도 내부의 구조를 관찰할 수 있다.

① 가, 다
② 나, 라
③ 가, 나, 다
④ 라

03. 뉴로스포라(*Neurospora*) 속에 대한 설명으로 옳지 않은 것은?

① 붉은빵곰팡이로 불리우며, *N. purpureus*는 오렌지색의 분생자를 지닌다.
② 고온다습한 여름철 옥수수 속대와 불에 타다 남은 나무에서 번식한다.
③ 갈색 또는 흑색의 피자기를 형성하며, 4 ~ 8개의 자낭포자를 지닌다.
④ 땅콩을 원료로 한 온쯤(ontiom) 제조에 이용한다.

04. 다양한 *Bacillus* 속 균주의 특징을 바르게 연결한 것은?

① *Bacillus natto* – 비오틴을 생육인자로 요구하지 않음
② *Bacillus megaterium* – 비타민 B_{12} 생성
③ *Bacillus cereus* – 탄저의 원인균
④ *Bacillus stearothermophilus* – BT toxin 생성

05. 독립영양균에 대한 설명으로 옳지 않은 것은?

① 화학독립영양균은 에너지원으로 무기물, 탄소원으로 CO_2를 사용한다.
② 어두운 곳에서 증식하며, 호기적 조건을 요구한다.
③ 녹색세균이나 녹색황세균은 포도당 생성과정에서 산소를 발생하지 않는다.
④ *Nitrobacter*, *Gallionella*, *Methanococcus*, *Bifidobacterium* 등이 해당된다.

06. 다음 〈보기〉에서 설명하는 효모는?

〈 보기 〉

- 다극성출아
- 구형, 타원형, 소시지형
- 육류에 착색된 반점을 형성하거나 침채류를 핑크색으로 착색하는 식품오염균

① 로도톨룰라(*Rhodotorula*) 속
② 캔디다(*Candida*) 속
③ 크립토코커스(*Cryptococcus*) 속
④ 스포로볼로마이세스(*Sporobolomyces*) 속

07. 세대시간이 30분인 균 2.5×10개를 배양 후 균수를 측정했을 때 8×10^2개가 되었다면 배양시간은 얼마인가?

① 2시간
② 150분
③ 3시간
④ 210분

08. 시험관에 배지가 약 45° 경사가 되도록 굳힌 고체배지로 호기성 미생물의 증식이나 보존 등에 사용되는 배지는?

① plate media
② butt media
③ slant media
④ sand media

09. 진균류 중에서 유성생식이 인정되지 않는 균류와 유성생식이 인정되는 균류의 불완전세대를 총칭하여 불완전균류라고 한다. 다음 중 불완전균류가 아닌 것은?

① *Fusarium* 속
② *Botrytis* 속
③ *Geotrichum* 속
④ *Byssochlamys* 속

10. 고세균(archaea)에 대한 설명으로 옳지 않은 것은?

① 메탄생성균, 호열산성균, 극호염균은 유리고세균문(Eury archaea)에 속한다.
② 90℃ 이상의 고온에서 생존하는 초고온균은 혐기성균이다.
③ 진정세균과 달리 세포막을 구성하는 지질의 형태와 세포벽의 구성이 다르며, 핵막이 존재한다.
④ 진핵생물과 유사점을 보이는 부분이 많다.

11. 그람음성균이 지니는 편모(flagella)에 대한 설명으로 옳은 것은?

① 내막에 S 고리와 L 고리를 지닌다.
② 살모넬라속과 대장균 같은 세균은 대부분 세포표면 전체에 편모가 존재하는 경우가 많다.
③ 훅(hook)은 플라젤린이라는 가늘고 긴 실모양의 단백질이 나선형으로 배열된 구조이다.
④ 세포의 긴 끝 부위에만 편모가 존재하는 것을 peritrichous flagella라 한다.

12. 다음 〈보기〉의 특징을 지니는 조류에 속하는 것은?

> ───── 〈보기〉 ─────
> • 엽록소 a와 c를 지님
> • 다세포형, 운동성의 포자 형성
> • 라미나린, 만니톨, 알긴 등을 함유

① 다시마
② 우뭇가사리
③ 돌말
④ 짐노디움

13. 스트렙토마이세스(*Streptomyces*) 속에 대한 설명으로 옳은 것은?

① 편성호기성의 그람음성 간균에 속한다.
② 공중균사체를 만들어 성숙하게 되면 연쇄상으로 자낭포자를 형성한다.
③ 클로람페니콜은 *Streptomyces aureofaciens* 가 생성하는 항생물질이다.
④ *Streptomyces griceus*는 젤라틴 등의 단백분해력이 강하다.

14. 미생물의 친주로부터 돌연변이주를 유발시키기 위해서 사용되는 화학적 돌연변이원(mutagen) 중 구아닌의 7번 위치를 알킬화시키는 변이원은?

① nitrite
② 5-bromouracil
③ dimethyl sulfate(DMS)
④ acridine orange

15. 포자낭의 분지 형태에 따라 *Mucor* 속을 바르게 분류한 것은?

① 펙티네이스 분비력이 강한 *M. hiemalis*는 monomucor 형태를 지닌다.
② racemomucor 형태를 지니는 *M. rouxii*는 아밀로법 발효에 이용된다.
③ 응유효소를 생성하는 *M. pusillus*는 포자낭병이 분지하지 않는다.
④ 마분곰팡이로 불리우는 *M. mucedo*는 포자낭병이 분지하여 가지를 치는 형태를 지닌다.

16. 미생물과 내열성에 대한 설명으로 옳지 않은 것은?

① 기질의 pH가 산성보다 중성부근일 때 내열성이 강하다.
② 건조한 환경보다 습한 환경에서 내열성이 높아질 수 있다.
③ 증식곡선의 대수기에 가장 약하고, 미숙포자는 내열성이 약하다.
④ 생육 최적온도에 가까운 온도에서 배양한 균주일수록 내열성이 강하다.

17. 소포체(endoplasmic reticulum)에 대한 설명으로 옳지 않은 것은?

① 긴 관 또는 주머니 모양의 막으로 된 구조물로 핵막, 세포질, 리보솜 등과 연결되어 있다.
② 소포체막은 다른 소기관의 것과 같이 지질과 단백질로 구성되어 있다.
③ 활면소포체는 단백질에 당을 더해주는 글리코실화 반응으로 당단백질로 전환하는 등 단백질 생성 후 변형에 중요한 역할을 한다.
④ 조면소포체는 부착된 리보솜에서 단백질을 합성하고 소포체의 내강에 들어가서 활면소포체를 통해 골지체 등 필요한 장소로 보내주는 역할을 한다.

18. *Saccharomyces* 속 균주의 특징을 바르게 연결한 것은?

① *S. cerevisiae* – 다극성 출아, 라피노스 발효

② *S. mali duclaux* – 하면효모, 좋은 맛 부여

③ *S. mellis* – 내삼투압성효모, 간장 향미 부여

④ *S. formosensis* – 당밀의 알코올 발효

19. 전령RNA(mRNA)에 대한 설명으로 옳지 않은 것은?

① 단백질 합성의 주형 역할을 지닌다.

② 메티오닌(Met)과 아이소류신(Ile)은 1개의 코돈만 존재한다.

③ 코돈(codon)은 바이러스부터 고등동물까지 모두 동일하다.

④ 어떤 아미노산에도 대응하지 않는 비암호 코돈은 3개이다.

20. 초산균(acetic acid bacteria)에 대한 설명으로 옳은 것은?

① *Gluconobacer* 속은 초산생성능이 약하고 초산을 산화하지 않으며 극모를 지닌다.

② *Acetobacter* 속은 초산생성능이 강하고 초산을 산화하지 않으며 주모를 지닌다.

③ *Gluconobacer* 속은 초산생성능이 약하며, TCA 회로가 존재한다.

④ *Acetobacter* 속은 초산을 산화할 수 있으며, TCA 회로가 존재하지 않는다.

제8회 최종모의고사

응시번호 _____ 성명 _____ 점수 _____점

---

01. 다음 〈보기〉에서 설명하는 미생물 제어법은 무엇인가?

〈보기〉

완전살균에 필요한 선량의 1/20 ~ 1/30 정도의 방사선을 식품에 조사하여 특정 미생물의 세균수를 감소시킴으로서 보존성을 높이는 처리를 말한다.

① Radicidation
② Radappertization
③ Radurization
④ High pressure processing

02. 식품의 기준 및 규격에 따른 표준평판법으로 생균수를 측정한 결과가 다음과 같다. 시료원액 1mL에 존재하는 생균수를 산출하시오.

희석배수	10^{-1}	10^{-2}	10^{-3}
생균수(CFU)	셀 수 없음	392	37
	셀 수 없음	343	28

① 3.6×10^4
② 3.6×10^5
③ 7.2×10^4
④ 7.2×10^5

03. 세균과 고세균을 비교한 것으로 옳지 않은 것은?

① 세균과 달리 고세균은 세포막 지질결합이 에테르 형태이다.
② 고세균과 달리 세균의 단백질 합성 개시 아미노산은 N-formyl methionine이다.
③ 세균과 고세균 모두 70S 리보솜을 지닌다.
④ 세균과 고세균 모두 DNA-히스톤 복합체를 지니지 않는다.

04. 미생물이 생성하는 효소의 특징을 바르게 설명한 것은?

① glucose isomerase – 설탕을 포도당과 과당으로 가수분해
② polygalacturonase – 폴리갈락투론산의 알파-1,4 결합을 가수분해
③ naringinase – 과즙 통조림의 백탁 제거
④ lipase – 지방산의 가수분해

05. *Aspergillus* 속에 대한 설명으로 옳지 않은 것은?

① *Asp. itaconicus*와 *Asp. terreus*는 이타콘산을 생성한다.
② *Asp. awamori*는 오키나와의 포성주 양조에 이용되며, 구연산 생성능이 강하다.
③ 흑국균인 *Asp. niger*는 유기산생성능과 펙틴 분해력이 강하며, 기저경자가 존재하지 않는다.
④ 풀색곰팡이인 *Asp. glaucus*는 분생자에 가시가 있다.

06. 식품 내 미생물의 증식에 영향을 주는 요인들을 바르게 구분한 것은?

① 내적요인 – 산화환원전위, 자연적항균물질, 미생물의 상호작용
② 물리적요인 – 온도, 수분, 광선, 방사선
③ 외적요인 – 수분활성도, 상대습도, 대기의 조성
④ 화학적요인 – 화학약품, 미량발육인자, 미생물 총에 의한 영양분

07. 세균에 대해 설명한 것으로 옳지 않은 것은?

① *Corynebacterium glutamicum* 은 그람양성 간균으로 병원성이 없고, 다량의 글루탐산을 생성한다.

② *Pseudomonas mildenbergii* 는 L-idonic acid 에서 2-ketogulonic acid를 생성한다.

③ *Zymomonas mobilis* 는 설탕을 발효하여 알코올을 생산할 수 있으며, 멕시코 전통술 pulque 제조에 이용된다.

④ 프로피온산균은 당류나 젖산을 발효하여 프로피온산을 생성하는 세균으로 주모성 편모를 지니는 비포자형성균이다.

08. 다음 그림은 그람음성균의 세포벽 구조이다. (가) ~ (라)에 들어갈 명칭과 특징을 바르게 연결한 것은?

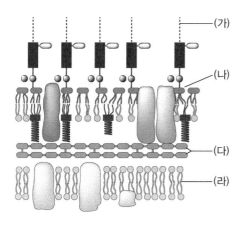

① (가) – O antigen – 다당류 사슬, exotoxin

② (나) – lipid A – 외막에 삽입되어 존재, 열이나 쇼크 유발

③ (다) – peptidoglycan – 글리세롤이나 리비톨이 인산기로 연결

④ (라) – outer membrane – 인지질 이중층으로 이루어짐

09. 효모에 대한 설명으로 옳은 것은?

① *Schizosaccharomyces octosporus* 는 여덟 개의 포자를 함유하며, 당밀을 원료로 하는 럼주 제조에 이용된다.

② *Zygosaccharomyces* 속의 생육최적온도는 37℃ 이며, 높은 삼투압환경에서 잘 견디는 것으로 알려져 있다.

③ *Schizosaccharomyces salsus* 는 간장 표면에 '곰'이라는 회백색의 산막을 형성하는 내염성 효모이다.

④ *Saccharomycodes ludwigii* 는 레몬형 효모로 맥아당이 남은 감미가 있는 술을 제조할 수 있다.

10. 미생물의 명명법에 대한 설명으로 옳지 않은 것은?

① 이명법으로 표기하며 두 번째 단어인 종명은 소문자로 시작한다.

② 특정 미생물의 속을 모두 통틀어서 지칭하고자 표기할 때에는 sp.를 붙인다.

③ 미생물 이름을 인쇄물에 기재할 경우, 이탤릭체로 표기해야 한다.

④ 이름 전체가 한 번 쓰인 이후에는 속명의 약어를 사용해도 되며, 약어 뒤에는 마침표를 찍는다.

11. 해당과정(EMP pathway)에 대한 설명으로 옳지 않은 것은?

① 혐기적 대사과정으로 포도당이 분해되어 피루브산 2분자가 생성된다.

② 세포질에서 일어나며, 기질수준 인산화에 의해서 2ATP가 생성된다.

③ 알돌레이스(aldolase)의 기질은 fructose-1-phosphate이다.

④ 젖산, 아세트알데히드, 피루브산은 해당과정을 거친 후 생성될 수 있다.

12. 효모의 포자형태를 바르게 연결한 것은?

① *Schizosaccharomyces pombe* – 모자형
② *Nadsonia* – 구형(가시)
③ *Metschnikowia* – 타원형
④ *Hansenula anomala* – 토성형

13. 바이러스(virus)에 대한 설명으로 옳지 않은 것은?

① 바이러스는 1892년 이바노프스키(Iwanowski)
   에 의해 최초로 알려졌다.
② 대단히 작은 초여과성 기생성 유기체로 핵산과
   이를 보호하는 단백질로 구성되어 있다.
③ 노로바이러스는 외피가 없고 뉴클레오캡시드로
   만 구성되어 있다.
④ 광견병바이러스, 아데노바이러스, 소아마비 바
   이러스는 정이십면체형 바이러스이다.

14. 세포골격(cytoskeleton)에 대한 설명으로 옳지 않
은 것은?

① 미세섬유는 운동단백질인 미오신과 접촉하여 세
   포 내 소기관의 이동에 관여한다.
② 미세섬유는 2개의 액틴이 나선모양으로 꼬인구
   조를 지닌다.
③ 중간섬유는 세포소기관들을 제자리에 고정시키
   는 역할을 한다.
④ 미세소관은 원통모양의 구조로 세포의 운동성에
   관여한다.

15. 젖산균(lactic acid bacteria)에 대한 설명으로 옳
은 것은?

① 그람양성의 간균 또는 구균으로 대부분 운동성
   이 있으며, 당류를 발효하여 젖산을 생성하는
   세균의 총칭이다.
② 육탄당을 발효하여 에너지를 얻지 못하고, G+C
   함량은 50% 이하이다.
③ 이상젖산발효균은 젖산 이외에 에탄올, 아세트
   산, 이산화탄소 등을 생성한다.
④ 오탄당을 발효하는 경우, 정상젖산발효균이나
   이상젖산발효균 모두 젖산과 에탄올을 생성한다.

16. 화학독립영양균(chemoautotrophs)이 에너지원과
탄소원을 얻는 방법으로 옳은 것은?

① 에너지원과 탄소원은 모두 유기물로부터 얻는다.
② 에너지원과 탄소원은 모두 무기물로부터 얻는다.
③ 에너지원은 빛과 무기물로부터 얻고, 탄소원은
   유기물로부터 얻는다.
④ 에너지원은 빛과 무기물로부터 얻고, 탄소원은
   무기물로부터 얻는다.

17. 효모의 Neuberg 발효 제2형식에서 글리세롤 이외
에 생성되는 물질은?

① 아세트알데히드
② 아세트산
③ 에탄올
④ 젖산

18. 남세균(cyanobacteria)에 대한 설명으로 옳지 않은 것은?

① 핵막이 없는 세균과 유사한 원시핵세포로서 무성생식으로 증식한다.

② 엽록체의 기원으로 세포질에 분포하는 엽록체에서 산소발생이 있는 광합성작용을 통해 전분을 합성한다.

③ 수중과 토양에 널리 분포하며, 녹조현상을 유발한다.

④ 아나베나(*Anabaena*)는 광합성 유전자와 질소고정 유전자를 모두 지닌다.

19. 버섯의 증식순서로 옳은 것은?

① 포자 – 균사체 – 균포 – 균병 – 균산 – 균첩 – 균륜

② 포자 – 균사체 – 균산 – 균첩 – 균포 – 균병 – 균륜

③ 포자 – 균사체 – 균포 – 균병 – 균륜 – 균첩 – 균산

④ 포자 – 균사체 – 균륜 – 균포 – 균병 – 균첩 – 균산

20. 다양한 환경요인에 의하여 유전자가 손상되면 여러 가지 수복기구를 통해 원래상태로 회복되기도 한다. 다음 〈보기〉에서 설명하는 수복기구는?

──── 〈보기〉 ────
자외선 조사에 의하여 생성된 피리미딘 염기의 이량체가 DNA로부터 제거되고, 해당하는 부위에 다시 정상적인 염기배열로 채워지는 현상

① 재조합수복(recombination repair)

② 광회복(photoreactivation)

③ SOS 수복(SOS repair)

④ 제거수복(excision repair)

제9회 최종모의고사

응시번호 _____ 성명 _____ 점수 _____ 점

01. 세균의 내부구조에 대한 설명으로 옳은 것은?

① 봉입체는 탄수화물이나 무기물을 저장하기도 하며, 때로는 특수한 형태로 저장함으로써 삼투압을 감소시키기도 한다.
② 리보솜의 50S 소단위는 16S rRNA, 5S rRNA와 34개의 단백질로 구성되어 있다.
③ 플라스미드는 세포길이의 1,000배 이상 길어서 세포 내에 응축되어 코일형태로 존재한다.
④ 단일막으로 둘러싸인 소포체, 골지체, 봉입체 등을 지니며, 리보솜을 막을 지니지 않는다.

02. 다극성 출아법으로 증식하는 효모로만 묶인 것은?

① *Sporobolomyces*, *Kloeckera*
② *Endomycopsis*, *Trichosporon*
③ *Debaryomyces*, *Lipomyces*
④ *Saccharomycodes*, *Saccharomyces*

03. 박막여과법(membrane filtration method)에 대한 설명으로 옳지 않은 것은?

① 액체시료의 생균수를 측정하는 방법이다.
② 미생물이 통과하지 못하는 여과막을 사용한다.
③ 음용수의 일반세균 및 대장균군 검사에 사용된다.
④ 균수 밀도가 높은 시료에 적합한 측정법이다.

04. F 플라스미드(fertility plasmid)에 대한 설명으로 옳지 않은 것은?

① 생식능력을 갖는 인자로 스스로 복제가 가능하다.
② 세균의 생존에 필수적이다.
③ 접합 시 F$^+$ 세포에서 F$^-$ 세포로 이동할 수 있다.
④ 환경이 악화되면 세균의 생존을 돕는다.

05. 다음은 미생물을 연구해 온 학자들의 업적을 정리한 것이다. Robert Koch의 업적만으로 묶인 것은?

가. 결사병 원인체 규명
나. 탄저균 발견
다. 맥주효모 순수분리배양
라. 주입평판 고안
마. 효소화학의 원조
바. 고체배지 제조

① 가, 나, 바
② 다, 라, 마
③ 나, 라, 바
④ 나, 다, 마

06. 녹조류(green algae)에 대한 설명으로 옳지 않은 것은?

① 단세포 또는 다세포 형태로 엽록소 a와 c를 다량으로 함유한다.
② 클로렐라는 군체를 형성하지 않고, 볼복스는 군체를 형성한다.
③ 클로렐라는 단세포로 편모가 없으며, 광합성을 한다.
④ 육상식물과 유연관계가 가장 가깝다.

07. 무포자 효모인 *Candida* 속의 특징을 바르게 연결한 것은?

① *C. rugosa* – 간장의 후숙
② *C. robusta* – 리보플라빈 생산
③ *C. tropicalis* – 라이페이스 생산
④ *C. mycoderma* – 칸디다증 유발

08. *Micrococcus* 속에 대한 설명으로 옳은 것은?

① 그람음성의 호기성구균으로 카탈레이스 양성을 나타낸다.
② *M. luteus*는 열에 대한 저항성이 강하여 우유의 저온살균에도 생존한다.
③ *M. varians*는 식빵 표면에 증식하여 분홍색의 색소를 생성한다.
④ *M. halodenitrificans*는 내염성이 강하고, 염지육에서 아질산을 생성하여 육류를 발색시킨다.

09. 외피(envelope) 비보유 바이러스가 아닌 것은?

① Adenovirus
② Hepatitis A virus
③ Poliovirus
④ Rabies virus

10. 식품에서의 미생물 제어법을 바르게 분류한 것은?

① 화학적 제어법 – 펄스전기장, 화학적 소독제
② 비열처리법 – 마이크로파, 광펄스
③ 물리적 제어법 – 저항열처리, 초고압
④ 자연유래항균물질 – 방사선, 아비딘

11. 세포호흡과 발효에 대한 설명으로 옳지 않은 것은?

① 세포호흡과 발효과정은 모두 EMP를 거친다.
② 세포호흡과 발효과정 모두 이산화탄소가 생성된다.
③ 세포호흡 시 발효과정보다 에너지 생성량이 많다.
④ 세포호흡과 달리 발효는 기질이 불완전 분해된다.

12. 헤마사이토미터(hemocytometer)의 4구역 균수의 합이 25개일 때 mL당 균액의 균수는?

① 1.0×10^8
② 1.0×10^7
③ 2.5×10^7
④ 2.5×10^6

13. 루코노스톡(*Leuconostoc*) 속에 대한 설명으로 옳지 않은 것은?

① 단구균 또는 쌍구균, 사련구균으로 존재하는 이상유산발효균이다.
② 우유 제품의 발효에서 diacetyl 등 향기 성분을 생성한다.
③ 내염성으로 김치 발효초기에 다른 젖산균보다 급속히 증식한다.
④ 내당성으로 당도가 높은 식품에서도 저항성을 나타낼 수 있다.

14. 세균을 용해하는 항균성물질인 (A)은/는 펩티도 글리칸의 글리칸(glycan) 사슬을 끊어 세균을 사멸시키는 효소로 그람음성균보다 그람양성균에 대하여 살균효과가 더 크다. 괄호 안에 들어갈 말은?

① 페니실린(penicillin)

② 라이소자임(lysozyme)

③ 플루라네이스(pullulanase)

④ 스트렙토마이신(streptomycin)

15. 다음 〈보기〉에서 설명하는 배지와 그 예시를 바르게 연결한 것은?

───── 〈 보기 〉 ─────
배지에 특수한 생화학적 지시약을 넣어줌으로써 한 종류의 미생물을 다른 종류의 미생물과 구별할 수 있게 하는 배지

① differential media – SS agar

② selective media – SS agar

③ selective media – EMB agar

④ differential media – EMB agar

16. 효모의 영양요구성에 대한 설명으로 옳은 것은?

① 염화암모늄과 같은 무기태질소와 펩톤과 같은 유기태질소를 이용한다.

② 탄소원으로는 주로 5탄당(pentose)을 이용한다.

③ 하면효모는 갈락토스, 자당, 포도당으로 구성된 라피노스(raffinose)를 이용한다.

④ 티아민, 비오틴, 이노신산 등을 생육인자(growth factor)로 요구한다.

17. 다양한 초산균의 특징을 설명한 것으로 옳지 않은 것은?

① *A. aceti* – 청주박초 양조에 중요

② *A. viniacetati* – 초산생성능이 약함

③ *A. oxydans*, *A. xylinum* – 식초양조 유해균, 초산을 재분해함

④ *A. schutzenbachii* – 단시간에 8 ~ 11% 초산 생성

18. 조상균류(phycomycetes)에 대한 설명으로 옳은 것은?

① *Absidia* 속은 보통 가근이 있는 곳에 1 ~ 3개의 포자낭병이 형성된다.

② *Rhizopus* 속은 포자낭병이 연결되는 부분에 지낭(apophysis)을 지니는 것이 *Mucor* 속과 구별되는 점이다.

③ *Thamnidium* 속의 소포자낭에는 중축이 있고, 2 ~ 12개의 포자를 내장한다.

④ *Rhizopus* 속은 포자낭이 작은 서양배모양이고, *Absidia* 속은 포자낭이 거의 구형을 나타낸다.

19. 24개의 염기쌍으로 이루어진 DNA 이중나선구조에서 $(G+C)/(A+T) = 1.4$일 때, 이 DNA가 갖는 아데닌(adenine)의 염기수는?

① 10

② 14

③ 20

④ 28

20. 리소솜(lysosome)에 대한 설명으로 옳은 것은?

① 소화효소는 골지체에서 생성되며 소포체에서 포
   장되어 막으로 둘러싸이면서 리소솜이 형성된다.

② 리소솜 내 소화효소가 통과할 수 없는 이중막을
   지니므로 효소작용으로부터 세포를 보호할 수
   있다.

③ 동물세포에서 주로 발견되며 자체 증식이 가능
   하다.

④ 가수분해효소는 분자의 가수분해를 촉매하며 약
   산성조건(pH 5.0)에서 작용이 가장 활발하다.

제10회 최종모의고사

응시번호 _____ 성명 _____ 점수 _____점

01. 미생물 배양에 필요한 무기염류의 생육작용을 바르게 연결한 것은?

① 코발트(Co) – 비오틴, 티아민 합성에 필수적
② 구리(Cu) – 내생포자, 세포벽의 안정성
③ 철(Fe) – 세포호흡에 중요, 헴(heme) 구성성분
④ 인(P) – 엽록소 구성성분, 핵산 안정화

02. 원핵세포 세포벽을 둘러싸고 있는 점질층(slime layer)과 협막(capsule)에 대한 설명으로 옳은 것은?

① 삼투압으로부터 세포파괴를 보호
② 물질교환 및 세포 외부의 신호전달
③ 세포나 조직 표면에 부착 및 유전자 이동
④ 독성물질로부터 자신을 보호

03. 다음 〈보기〉에서 설명하는 효모는 무엇인가?

───── 〈보기〉 ─────
• 다극성 출아
• 질산염 자화 못함
• 푸마르산에서 말산으로 전환 촉매
• 간장 표면에 막 형성

① Debaryomyces 속
② Pichia 속
③ Hansenula 속
④ Hanseniaspora 속

04. 다양한 효소의 촉매반응 특징을 설명한 것으로 옳은 것은?

① 탈탄산효소와 같이 비가수분해적으로 반응기를 분리·제거하는 반응을 촉매하는 효소는 탈리효소다.
② 전이효소는 시스–트랜스 전환반응처럼 원자단을 한 화합물로부터 다른 화합물로 전달하는 반응을 촉매한다.
③ 합성효소는 영양소의 소화 및 식품의 조리, 가공 및 저장과 밀접한 관련이 있다.
④ 기질분자의 분자식은 변화시키지 않고 분자구조를 변환시키는 것은 산화·환원효소이다.

05. 다음 〈보기〉에서 포자를 형성하는 그람양성 간균을 모두 고른 것은?

───── 〈보기〉 ─────
가. Bacillus
나. Desulfotomaculum
다. Sporosarcina
라. Staphylococcus

① 가, 나
② 나, 다
③ 가, 나, 다
④ 가, 나, 다, 라

06. 미생물의 내열성을 설명한 것으로 옳지 않은 것은?

① 습한 환경보다 건조한 환경에서 내열성이 높아 질 수 있다.

② 생육최적온도에 가까운 온도에서 배양한 미생물일수록 내열성이 높다.

③ 기질의 pH가 산성보다 중성부근일 때 내열성이 강하다.

④ 증식곡선의 대수기에 내열성이 가장 강하고, 미숙한 포자는 내열성이 약하다.

07. DNA 염기서열 3′-GATATC-5′이 전사된 후 형성된 mRNA는?

① 5′-CUAUAG-3′

② 5′-GAUAUC-3′

③ 5′-CTATAG-3′

④ 5′-UCAUGA-3′

08. 진핵세포의 엽록체(A)와 미토콘드리아(B)에 대한 설명으로 옳지 않은 것은?

① (A), (B) 모두 70S 리보솜과 자신의 DNA를 지니고 있어 자체 증식이 가능하다.

② 다량의 에너지가 필요한 세포일수록 (A)를 더 많이 생성한다.

③ (B)의 내막은 전자전달계 효소가 존재하여 세포호흡에 관여한다.

④ (A), (B) 모두 내막과 외막을 지니는 이중막 구조이다.

09. 효모의 형태를 바르게 연결한 것은?

① *Torulopsis* − 모자형

② *S. ellipsoideus* − 소시지형

③ *Trigonopsis* − 삼각형

④ *Kloeckera* − 타원형

10. 그람음성의 통성혐기성 간균에 대한 설명으로 옳은 것은?

① *Shigella*, *Serratia*, *Erwinia*, *Proteus*, *Yersinia*, *Vibrio* 속은 장내세균과에 속한다.

② *Proteus* 속은 histidine carboxylase를 생성하여 히스타민을 다량 생성함으로써 알레르기성 식중독을 유발한다.

③ *Y. enterocolitica* 는 감염독소형 식중독의 원인균으로 돼지에서 주로 검출된다.

④ *Serratia* 속은 주모성 편모를 이용하여 운동성을 나타내고, prodigiosin이라는 색소를 생성하여 식품표면을 적변시킨다.

11. 현미경의 원리 및 구조에 대한 설명으로 옳지 않은 것은?

① 현미경 배율은 대물렌즈의 배율에 접안렌즈의 배율을 곱한 것이다.

② 빛의 양을 알맞게 조절할 때에는 조리개를 사용하고, 초점을 정확하게 맞출 때에는 미동나사를 사용한다.

③ 대물렌즈는 초점거리가 극히 짧은 렌즈로 고배율일수록 렌즈길이가 짧다.

④ 미생물의 형태를 관찰 시 저배율에서 고배율로 확대하면서 관찰한다.

12. *Monascus* 속에 대한 설명으로 옳은 것은?

① 빨간 누룩곰팡이(홍국)로도 불리우며, 무성생식 시 분절포자를 외생한다.
② *M. anka*는 홍유부 제조에도 사용되며, 펙티네 이스 분비력이 강해 과일주스의 청징에 이용된다.
③ 갈색 또는 흑색의 피자기 안에는 구형 또는 타원 형의 자낭포자를 형성한다.
④ 적색색소인 모나스콜빈을 생성하므로 비타민 A 의 원료로 이용될 수 있다.

13. 다음 그림은 박테리오파지의 구조를 나타낸 것이다. 각 부위의 명칭을 바르게 연결한 것은?

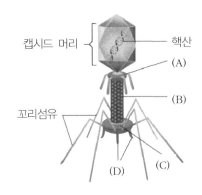

① (B) − sheath
② (C) − collar
③ (A) − spike
④ (D) − volva

14. 같은 종의 세포로부터 DNA를 추출하여 수용 세포에 첨가해 주면, 세포 가운데 일부가 공여된 DNA의 유전형질을 획득하게 되는 것을 무엇이라 하는가?

① transversion
② transition
③ transformation
④ transduction

15. 다음 〈보기〉는 미생물 간의 상호작용에 대한 예시다. 무엇에 대한 설명인가?

〈보기〉

섬유소 분해균이 섬유소를 분해해서 포도당을 생성하면 공존하는 섬유소 비분해균이 이를 이용하여 증식하는 현상

① mutalism
② neutralism
③ metabiosis
④ synergism

16. *Clostridium* 속에 대한 설명으로 옳지 않은 것은?

① 그람양성의 절대혐기성 간균으로 주모성 편모를 지닌 균도 있고 없는 균도 있다.
② 포자형성균으로 열에 대한 저항성이 강하여, 통조림 부패 및 팽창의 원인균으로 알려져 있다.
③ *Cl. botulinum*은 독성이 매우 강한 신경독소 (neurotoxin)를 생성하여 식중독을 유발하기도 한다.
④ *Bacillus* 속과 달리 G+C 함량이 높은 그람양성균으로 분류된다.

17. 다음 그림은 (A)의 산소요구성에 따른 배양분포를 표현한 것이다. (A)에 적합한 균은?

① *Bacillus subtilis*
② *Clostridium perfringens*
③ *Campylobacter jejuni*
④ *Acetobacter aceti*

18. 상면효모와 하면효모의 형태, 배양 및 특성을 비교한 것으로 옳은 것은?

	상면효모	하면효모
①	원형, 발효작용 늦음	난형, 발효작용 빠름
②	발효액 중 분산 용이	발효액 중 분산 불가
③	최적 배양온도 40℃	최적 배양온도 10℃
④	멜리비오스 발효	라피노스 비발효

19. 일부 세균이 형성하는 내생포자(endospore)에 대한 설명으로 옳은 것은?

① 포자의 염색은 특수염료로 시행되어야 하며, 광학현미경으로는 포자를 관찰할 수 없다.

② 영양세포의 끝부분이나 중간부분 등에 형성되며, 한 세포에 여러 개의 포자가 형성될 수 있다.

③ 발아 과정은 활성화 → 발아 → 성장의 단계로 일어나고, 포자의 굴절성을 상실하게 된다.

④ 영양세포와 포자에만 존재하는 디피콜린산은 칼슘과 복합체를 형성하여 내열성 증가에 관여한다.

20. 미생물의 증식곡선은 4단계인 유도기, 대수기, 정지기, 사멸기로 구분된다. 각 단계별 특징을 설명한 것으로 옳지 않은 것은?

① 유도기 – RNA 함량 증가, 세포의 크기 증가

② 대수기 – RNA 함량 일정, 증식속도 일정

③ 정지기 – 영양분고갈, 생균수 일정

④ 사멸기 – 사멸균 증가, 세대시간이 가장 짧음

합격해

식품미생물

전공모의고사
vol.1

해설편

01	02	03	04	05	06	07	08	09	10
③	④	③	②	①	③	④	①	③	②
11	12	13	14	15	16	17	18	19	20
①	③	④	②	③	④	②	③	①	④

01 [그람염색법, 난이도 중]
그람염색법
(1) 도말
(2) 풍건
(3) 고정
(4) 크리스탈 바이올렛으로 염색
(5) 요오드 처리
(6) 알코올탈색
(7) 사프라닌 염색 및 검경

02 [유산균, 난이도 중]
가. 다량의 유산(lactate)을 생성하는 세균의 총칭이다.
나. Leuconostoc 은 이상유산발효균이다.
다. 청주에서 백색의 혼탁을 유발하는 균은 Lb. homohiochi,
   Lb. heterohiochi 이다.
라. 유산균은 카탈레이스 음성이다.

03 [아밀로법균, 난이도 하]
아밀로법균에는 Mucor rouxii, Rhizopus japonicus, Rhizopus
javanicus, Rhizopus delemar, Rhizopus tonkinensis 등이 있다.

04 [세포의 구조, 난이도 하]
미토콘드리아
• 발전소 기능
• 세포호흡과 산화적 인산화반응 → 세포의 에너지인 ATP 생성
 기관
• 외막과 내막의 이중구조를 지니며, 내막은 넓은 표면적을 얻기
 위해 주름진 크리스테(cristae) 구조
• 다량의 에너지가 필요한 세포일수록 더 많은 미토콘드리아를
 지님

05 [상면효모와 하면효모, 난이도 중]
① 상면효모는 원형으로 연결세포가 많고, 하면효모는 난형 · 타
 원형으로 연결세포가 적다.

06 [ATP 환산, 난이도 상]
• NADH ⇒ 3 ATP
• 1 pyruvate가 TCA 회로에서 생성하는 NADH: 4개
 (3 ATP × 4 = 12 ATP)
• 2 pyruvate: 12 ATP × 2 = 24 ATP

07 [고세균, 난이도 상]
① 진핵생물과 유사점을 보이는 부분이 많다.
② 극호염균은 유리고세균문에 속한다.
③ 세포소기관을 가지지 않은 대부분의 원핵생물은 진정세균역
 에 속한다.

08 [방사선 보존법, 난이도 중]
라다퍼티제이션(Radappertization)
고선량의 방사선을 조사하여 포자를 만드는 세균, 특히 내열성이
높고 독소를 생산하는 Clostridium botulinum 의 살균을 목표로 하
는 살균처리로서 장기간 상온에서 저장하여도 부패나 독소가 검
출되지 않는 상태로 유지될 수 있는 처리법을 말함

09 [방선균, 난이도 중]
③ 스트렙토마이신(streptomycin) 생성균은 Streptomyces griseus
 이다.

10 [미생물의 증식곡선, 난이도 중]
② 세포수가 최대를 유지하는 것은 정상기(정지기)이다.

11 [바실러스 속, 난이도 중]
② B. natto – 전분분해효소 생성
③ B. anthracis – 인수공통감염병인 탄저의 원인균
④ B. stearothermophilus – 고온균

12 [유전정보의 전사 및 단백질 합성, 난이도 중]
가 – 전사(transcription): DNA의 유전정보를 RNA 중합효소를 이
 용하여 mRNA형태로 상보적으로 합성
나 – 번역(translation): mRNA의 염기 배열에 따라 아미노산을
 차례로 결합시켜 단백질 합성

13 [독성파지, 난이도 중]
부착 → 침투(파지 DNA 주입) → 숙주 DNA 분해 →
복제(파지 DNA 복제) → 파지 단백질 합성 →
조립(두부, 미부, 꼬리섬유) → 용균 → 방출

14 [미생물의 증식에 영향을 미치는 인자, 난이도 중]
① 물리적 인자 – 광선
③ 내적 인자 – 산화환원전위
④ 화학적 인자 – 수분

15 [미생물 발전사, 난이도 중]

③ 특정 병원균이 특정 질병을 일으킨다는 병원균(germ theory) 설을 확립한 것은 코흐(Robert Koch)다.

16 [자낭포자형성 효모, 난이도 중]

④ *Torulopsis*는 무포자 효모이다.

17 [세균의 세포벽, 난이도 상]

① 그람음성균 세포벽에는 지질테이코산이 존재하지 않는다.

③ 그람음성균은 세포막과 외막사이에 주변 세포질 공간이 잘 발달되어 있다.

④ 고세균은 펩티도글리칸이 없는 세포벽을 지니며, 펩티도 글리칸 대신에 pseudomurein을 지닌다.

18 [곰팡이 분류, 난이도 중]

① 동충하초는 자낭균류에 속한다.

② *Mucor* 속은 접합균류에 속하며, 무성포자로는 포자낭포자를 형성한다.

④ *Fusarium* 속은 불완전균류에 속한다.

19 [초산균, 난이도 하]

① 초산균은 그람음성의 편성호기성균이다.

20 [리보솜, 난이도 중]

① 골지체로부터 분비된 소낭으로 다양한 가수분해효소를 함유하는 것은 리소솜(lysosome)이다.

② 4 ~ 8개의 납작한 주머니 모양의 시스터네가 떨어진 형태의 소기관은 골지체이다.

③ 단백질과 rRNA(ribosomal RNA)로 구성되어 있다.

제2회 최종 모의고사

01	02	03	04	05	06	07	08	09	10
④	②	①	③	②	③	④	②	③	④
11	**12**	**13**	**14**	**15**	**16**	**17**	**18**	**19**	**20**
①	②	③	④	①	②	③	①	④	②

01 [*Rhizopus* 속, 난이도 중]

① 가근과 가근 사이에서 포자낭병이 생기며, 포자낭은 거의 구형이다.

② *Rhizopus nigricans*의 생육적온은 37℃가 아니다.

③ *Mucor pusillus*는 우유단백질 응고에 필요한 응유효소(rennin)을 생산하는 균주로 알려져 있다.

02. [진핵세포의 특징, 난이도 하]

(가)와 (다)는 원핵세포의 특징이다.

03 [효모의 포자형태, 난이도 중]

② *Saccharomyces cerevisiae* – 구형

③ *Debaryomyces* – 구형(돌기)

④ *Kluyveromyces marxianus* – 신장형

04 [독립영양균, 난이도 상]

③ 화학합성균은 화학에너지 생성 시 산소를 요구한다.

05 [미생물 증식측정법, 난이도 중]

린드너가 개발한 소적배양법은 단일세포체를 순수분리하는 방법이다.

06 [코흐, 난이도 중]

③ 코흐의 업적이 아니다.

07 [*Penicillium* 속, 난이도 하]

① *Penicillium roqueforti* – 로크포르 치즈 숙성

② *Penicillium toxicarium* – 황변미독인 citreoviridin 생성

③ *Penicillium expansum* – 사과, 배의 푸른 곰팡이병

08 [*Lactobacillus* 속, 난이도 중]

① *Lactobacillus* 속은 대부분 정상유산발효균이나 일부는 이상유산발효균으로 분류된다.

③ *Lb. bulgaricus*와 *St. thermophilus*는 요구르트 생산공정에서 스타터로 첨가된다.

④ *Lb. brevis*는 이상유산발효균이다.

09 [미카엘리스 상수, 난이도 중]

③ 비경쟁적저해제 처리 시 K_m 값은 변하지 않는다.

10 [버섯의 특징, 난이도 중]

두 종류의 서로 다른 핵이 분열된 후에도 새로운 세포 속에 각각 하나씩 분배되도록 분열하여 균사 마디마다 돌기가 남는데 이를 취상돌기(clamp connection)라 한다.

11 [고층배지, 난이도 중]

① 고층배지
② 평판배지
③ 사면배지
④ 반사면배지

12 [미생물 세포의 구조와 기능, 난이도 상]

① 세포골격은 세포질 내에서 세포의 형태를 유지하기 위한 망상 구조를 말한다.
③ 틸라코이드는 엽록소를 비롯하여 광합성에 필요한 구성요소 들이 함유된 납작한 주머니 형태의 기관이다.
④ 핵막에는 핵과 세포질 사이의 성분을 교환할 수 있는 핵공이 존재한다.

13 [RNA 종류, 난이도 중]

③ tRNA의 3-말단은 CCA염기서열로 이루어져 있으며, 운반하고자 하는 아미노산을 결합시키는 곳이다.

14 [조류의 분류, 난이도 하]

① 청각은 녹조류이다.
② 볼복스는 녹조류이다.
③ 흔들말은 남조류(남세균)이다.

15 [내생포자, 난이도 중]

② 포자가 형성될 때 중앙이 영양세포보다 굵은 부분이 나타나는 것을 Clostridium 형이라고 한다.
③ 작은 산 용해 단백질(small acid soluble protein)은 포자의 DNA와 강하게 결합하여, 외부환경으로부터 DNA를 보호하는 것으로 알려져 있다.
④ 포자는 외부에서부터 exosporium – spore coat – cortex – core wall(spore wall) – core 순서로 이루어져 있다.

16 [세균수 산출, 난이도 중]

총 세균수(b) = 80 × 2^n
세대시간(n) = 120 / 20
n = 6
총 세균수 = 80 × 2^n = 80 × 2^6 = 5120 = 5.12 × 10^3

17 [산막효모, 난이도 상]

① Pichia membranaefaciens 는 알코올을 소비하고 당발효성이 낮으며, 김치류 표면에 하얀 피막을 생성한다.
② Debaryomyces 속은 질산염을 자화하지 못하고, 절인채소나 고기에서 볼 수 있는 내염성 산막효모이다.
④ Hansenula 속은 알코올로부터 에스터(ester)를 생성하여 과일 향을 형성하므로 청주 숙성 시 작용하는 것도 있다.

18 [DNA 복제, 난이도 하]

① DNA polymerase I과 DNA polymerase III만 DNA 복제에 관여한다.

19 [3영역에 포함되는 미생물 특성, 난이도 중]

① 세균과 고세균은 원형의 염색체를 지니나, 진핵생물은 선형의 염색체를 지닌다.
② 세균과 고세균은 70S 리보솜을 지니나, 진핵생물은 80S 리보솜을 지닌다.
③ 세균은 DNA – 히스톤 복합체가 없으나, 진핵생물과 고세균은 있다.

20 [내삼투압성 효모, 난이도 중]

Saccharomyces mellis 는 내삼투압성 효모로서 Saccharomyces rouxii 와 유사하고, 60 ~ 70% 고농도 당액인 벌꿀에서도 증식하여 시럽을 변질시키는 유해효모로 알려져 있다.

제3회 최종 모의고사

01	02	03	04	05	06	07	08	09	10
④	②	③	①	③	④	③	①	④	②
11	12	13	14	15	16	17	18	19	20
①	③	②	④	③	③	①	②	③	④

01 [세포의 크기 측정, 난이도 중]

$$\text{접안 마이크로미터 } 1\text{눈금의 길이} = \frac{a}{b} \times 10 \mu m$$

a: 대물 마이크로미터의 눈금수
b: 접안 마이크로미터의 눈금수

접안마이크로미터 1눈금의 길이 × 세포가 차지하는 눈금수

$$\frac{4}{12} \times 10 \times 6 = 20 \mu m$$

02 [세균의 분류, 난이도 중]

①, ③, ④는 장내세균과의 그람음성 통성혐기성 간균이나 운동성을 지닌다.

03 [Mucor 속, 난이도 중]

① M. racemosus는 racemomucor에 속한다.
② M. pusillus는 고초에 많이 존재한다.
④ M. rouxii는 cymomucor에 속하며, 최초의 아밀로법 균이다.

04 [효모의 혐기적 대사, 난이도 상]

혐기적 대사

• Neuberg 발효
• $C_6H_{12}O_6 \rightarrow 2C_2H_5OH + 2CO_2 + 58kcal$ (2 ATP)

　　　　　　　　　　　　　　　(제1형식) 알코올 발효
• $C_6H_{12}O_6 \rightarrow C_3H_5(OH)_3 + CH_3CHO + CO_2$
　＜pH 5 ~ 6, Na_2SO_3＞

　　　　　　　　　　　　　　　(제2형식) Na_2SO_3 첨가
• $2C_6H_{12}O_6 \rightarrow 2C_3H_5(OH)_3 + CH_3COOH + C_2H_5OH + 2CO_2$
　＜pH 8, $NaHCO_3$, Na_2HPO_4＞

　　　　　　　　　　　　　　　(제3형식) 알칼리화

05 [미생물 증식에 영향을 미치는 요인, 난이도 중]

③ 내염균은 2% 이하의 염분 배지에서도 증식할 수 있다.

06 [세균수 측정, 난이도 중]

total volume: $1mm \times 1mm \times 0.02mm = 0.02mm^3$
$1mL = 1cm^3$
total volume($0.02mm^3$) $\times 50000 = 1cm^3 = 1mL$
총 25구역이며, 1구역 내 50개의 세균이 존재하므로
$25 \times 50 \times 50000 = 6.25 \times 10^7$

07 [진핵세포의 소기관 기능, 난이도 상]

① 리소솜은 주로 동물세포에서 발견된다.
② 조면소포체는 리보솜이 부착되어 있다.
④ 가장 큰 섬유로 세포분열과 염색체 이동에 관여하며, 편모 및 섬모 운동에 관여하는 것은 미세소관(microtubule)이다.

08 [반자낭균류, 난이도 중]

① Botrytis 속은 불완전균류에 속한다.

09 [야생효모와 배양효모, 난이도 중]

항목	배양효모	야생효모
세포	• 원형, 타원형 • 액포는 작고, 원형질 흐림 • 크기가 큼(5 ~ 8μm)	• 장형 • 액포는 크고, 원형질 밝음 • 크기가 작음(3 ~ 4μm)
배양	• 세포막 점조성 풍부 • 액내 분산 곤란(투명) • 발육온도 높음	• 세포막 점조성 없음 • 액내 분산 용이(혼탁) • 발육온도 낮음
내구성	• 저온 · 산 · 건조 저항력이 약함 • 포자 형성에 장시간 소요	• 저온 · 산 · 건조 저항력이 강함 • 포자 형성에 단시간 소요
역할	• 주정효모, 청주효모, 맥주효모, 빵효모	• 토양 · 과실의 양조 유해균

10 [미생물 간의 상호작용, 난이도 중]

① Competition: 경합
② Antagonism: 길항
③ Commensalism: 편리공생
④ Synergism: 공동작용

11 [효모, 난이도 하]

Rhodotorula glutinis는 적색색소를 형성하는 적색효모이며, 동시에 세포질에 지방을 축적하는 유지효모이다.

12 [Aspergillus 속, 난이도 중]

③ Asp. kawachii는 Asp. niger의 변이균으로 집락은 백색 또는 담황색이다.

13 [세포의 구조, 난이도 하]
〈보기〉는 세포벽의 외부에 존재하는 점질층(slime layer)과 협막
(capsule)에 대한 설명이다.

14 [바이러스, 난이도 상]
① 박테리오파지는 세균에 기생한다.
② 세포 외에 있는 바이러스를 virion이라 한다.
③ 박테리오파지는 정이십면체형 바이러스가 아니다.

15 [효모, 난이도 중]
③ *Debaryomyces*는 배수체 시기는 접합자 시기만이고, 대부분
　이 반수체 시기이다.

16 [이명법, 난이도 중]
① 미생물 이름을 손으로 기재할 경우 밑줄을 긋는다.
② 특정 미생물의 속을 모두 통틀어서 지칭하고자 복수형으로 표
　기할 때는 spp.를 붙인다.
④ 첫 번째 단어의 첫 글자는 대문자로 쓰고 나머지 글자는 모두
　소문자로 쓴다.

17 [세균, 난이도 중]
① *Staphylococcus epidermidis* − coagulase 음성

18 [효모의 생육특성, 난이도 상]
① *Saccharomyces fragilis* − 자낭포자형성 − 마유주 스타터
③ *Cryptococcus laurentii* − 무포자 − 카로티노이드 색소형성
④ *Torulopsis versatilis* − 무포자 − 간장 특유의 향미 생성

19 [미생물배양에 필요한 영양소, 난이도 중]
③ 철(Fe)은 세포호흡에 중요한 효소(cytochrome, catalase,
　peroxidase)의 구성성분이다.

20 [세균의 세포벽, 난이도 중]
① *Bacillus* 속과 *Lactobacillus* 속은 모두 [가] 구조의 세포벽을
　지닌다.
② 음전하를 띠게 하여 세포의 응집을 막고 이온의 통과에 영향
　을 미치는 것은 테이코산으로 (B)이다.
③ 내독소로 작용하는 것은 lipid A이다.

01	02	03	04	05	06	07	08	09	10
①	②	③	④	③	③	①	②	④	③
11	**12**	**13**	**14**	**15**	**16**	**17**	**18**	**19**	**20**
②	④	③	④	①	②	④	①	③	④

01 [tRNA, 난이도 중]
② 변형염기가 존재한다.
③ 3′ 말단의 리보스에서 특정 아미노산과 에스테르 결합한다.
④ 클로버 잎과 같은 모양이며, 한 가닥 사슬환을 만드는 부분과
　두 가닥 사슬로 된 부분이 있다.

02 [배양배지, 난이도 중]
② 펩톤수는 일반적으로 세균을 배양할 때 사용되는 배지이다.

03 [*Monascus* 속, 난이도 중]
③ 갈색의 피자기를 형성하며, 원통형의 자낭안에 4 ∼ 8개의 자
　낭포자가 존재하는 것은 *Neurospora* 속이다.

04 [영양증식법, 난이도 중]
① 분열법 − *Schizosaccharomyces*
② 진균사 − *Endomycopsis*
③ 출아분열법 − *Saccharomycodes*

05 [전분분해효소, 난이도 중]
① β-아밀레이스는 당화효소로 말토스를 다량 생성한다.
② 전분의 끝에서부터 순서대로 가수분해하여 글루코스를 생성
　하는 것은 glucoamylase이다.
④ *Streptomyces* 속은 glucose isomerase 생성균이다.

06 [남조류, 난이도 중]
일반조류와 달리 남조류에는 엽록체가 없으며, 세포질에 분포하
는 엽록소 a에서 산소발생이 있는 광합성 작용을 한다. 피코시안
이나 피코에리트린 색소를 지니며, 대표적인 균종으로는 흔들말,
염주말, 아나베나 등이 있다.

07 [내생포자 형성균, 난이도 하]
*Bacillus, Desulfotomaculum, Clostridium*은 모두 내생포자를 형성
하는 그람양성의 간균이다.

08 [유산균, 난이도 중]
② *Leuconostoc* 속은 그람양성의 구균으로 쌍구균 또는 연쇄상
　구균으로 존재한다.

09 [현미경, 난이도 중]

일반적인 광학현미경은 물체의 밝고 어두움이나 색깔의 차이를 이용하여 관찰하지만, 위상차 현미경은 관찰하고자 하는 시료를 별도로 염색할 필요가 없기 때문에 살아있는 세포의 작은 기관을 관찰할 수 있다.

10 [돌연변이, 난이도 중]

낫모양 적혈구 빈혈증은 염기 치환에 의하여 다른 아미노산의 유전암호로 변화되는 미스센스 돌연변이에 의한것이며, β 사슬의 6번째 아미노산인 글루탐산이 발린으로 바뀌면서 산소운반능력이 저하되어 일어나는 질병이다.

11 [생물의 분류, 난이도 중]

Whittaker가 발표한 생물의 5계 분류기준은 동물계 – 식물계 – 균계 – 원생생물계 – 원핵생물계이다.

12 [광합성균, 난이도 상]

녹색세균은 광합성을 통해 스스로 에너지를 획득하여 생육하는 독립영양균이다. 이산화탄소 환원물질로 H_2를 사용하며, 광합성 시 산소를 발생시키지 않는다.

13 [내생포자의 구조, 난이도 중]

③ cortex(피층)은 포자각(spore coat)의 안쪽에 위치하며 영양세포의 세포벽보다 느슨하게 연결된 펩티도글리칸으로 구성되어 있다.

14 [식품 변패균, 난이도 중]

가. *Acetobacter xylinum* – 식초양조 부패균
나. *Lactobacillus homohiochi* – 청주의 백탁
다. *Bacillus circulans* – 통조림변패
라. *Erwinia carotovora* – 야채와 과일의 부패

15 [*Saccharomyces* 속, 난이도 중]

② *S. carlsbergensis* : 맥주발효에 이용하는 하면효모로 melibiose를 발효한다.
③ *S. robustus* : 당밀에서 알코올을 생산하는 효모이다.
④ *S. rouxii* : 간장에 독특한 향미를 부여하는 내염성 효모이다.

16 [세포호흡을 통해 생성된 ATP 계산, 난이도 상]

pyruvate ⟶ 4 NADH, 1 $FADH_2$, 1 GTP 생성
4 NADH : 12 ATP
1 $FADH_2$: 2 ATP
1 GTP : 1 ATP

17 [유산균, 난이도 하]

①, ② 영양요구성이 높아서 아미노산, 핵산, 비타민류가 풍부한 배지에서 성장한다.
③ G + C 함량이 50% 이하

18 [캡시드의 구조, 난이도 상]

광견병 바이러스인 rabies virus는 나선형의 캡시드를 지닌다.

19 [조상균류, 난이도 중]

접합균류에는 털곰팡이(*Mucor*), 거미줄곰팡이(*Rhizopus*), 활털곰팡이(*Absidia*), 가지곰팡이(*Thamnidium*) 등이 있으며, 난균류는 접합균류에 해당하지 않는다.

20 [미생물 재조합, 난이도 하]

형질도입(transduction)은 용원성 바이러스의 중개에 의해서 DNA가 한쪽 세포에서 다른 세포(수용균)로 이행하는 현상을 말한다.

01	02	03	04	05	06	07	08	09	10
④	③	②	③	④	①	②	①	③	②
11	**12**	**13**	**14**	**15**	**16**	**17**	**18**	**19**	**20**
③	④	③	①	③	②	③	②	④	①

01 [소포체, 난이도 중]
① 활면소포체 – 독성화합물 분해
② 조면소포체 – 소포체 표면에 다량의 리보솜을 지님
③ 활면소포체 – 인지질, 스테로이드 합성

02 [효모의 영양증식, 난이도 중]
③ *Cryptococcus*는 위균사를 형성하지 않는다.

03 [조류, 난이도 중]
① 진핵생물역의 원생생물계에 포함된다.
③ 김은 홍조류에 속한다.
④ 색소조성에 따라 남조류, 갈조류, 녹조류 등으로 나눌 수 있다.

04 [버섯의 생활서, 난이도 하]
① (가) – 주름
② (나) – 담자포자
④ (라) – 3차 균사

05 [바이러스, 난이도 중]
④ 아데노바이러스는 외피가 없고 선형의 이중가닥 DNA를 지니며, 정20면체 캡시드를 가지고 있다.

06 [리보플라빈 생성균, 난이도 중]
① *Bacillus megaterium*은 비타민 B_{12}를 생성하는 균이다.

07 [그람염색, 난이도 하]
그람염색 시 요오드 용액은 1차염색약인 크리스탈바이올렛 염색 후 처리하며, 이는 1차 염색약의 고정을 돕는 매염제로 작용하게 된다.

08 [식염에 의한 미생물 생육 저해, 난이도 중]
고도의 식염농도에서 생육이 저해되는 원인
㉠ 삼투압이 증가하여 원형질 분리
㉡ 탈수작용에 의한 세포 내 수분의 유실
㉢ 효소의 활성 저해
㉣ 산화, 환원전위를 낮춰 산소용해도 감소
㉤ 이산화탄소 감수성이 높아짐
㉥ 염소의 살균작용(독작용) $(NaCl \rightarrow Na^+ + Cl^-)$

09 [고세균의 특성, 난이도 상]
③ 핵막과 막으로 싸인 소기관은 없으나, 세균과 동일하게 70S 리보솜을 가진다.

10 [TCA cycle, 난이도 상]
이산화탄소(CO_2) 생성 반응
• pyruvate → acetyl-CoA
• isocitrate → α-ketoglutarate
• α-ketoglutarate → succinyl-CoA

11 [미생물 발전사, 난이도 중]
① 왓슨과 크릭 – DNA의 이중나선구조 확인
② 비들과 테이텀 – 1유전자 1효소설
④ 모노와 자코브 – 오페론설 제안
   마셜 워렌 니런버그 – 3개의 염기배열(triplet)이 특정의 아미노산 한 개를 지칭한다는 것 증명

12 [산막효모, 난이도 중]
④ *Pichia*는 푸마르산으로부터 말산을 생성하는 fumarase 활성이 강하다.

13 [돌연변이원, 난이도 하]
자외선 조사 시 254nm 부근의 파장이 DNA에 효과적으로 잘 흡수되고 높은 빈도로 피리미딘 이량체가 형성된다.

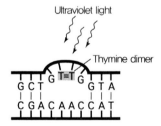

14 [효소, 난이도 중]
② 단백분해효소 – rennin
③ 전화효소 – invertase
④ 섬유소분해효소 – cellulase

15 [곰팡이, 난이도 상]
① *Neurospora sitophila*는 오렌지색 분생자를 지니며, 비타민 A의 원료로 이용되기도 한다.
② *Rhizopus tokinensis*는 *R. japonicus*와 달리 라피노스를 발효시키지 못한다.
④ *Botrytis cinerea*는 포도나 딸기 등에 흔히 발생하는 회색곰팡이로 알려져 있다.

16 [초기균수 산출, 난이도 중]

총균수(b) = 초기균수(a) × 2^n (n: 세대 수)

세대시간(g) = 증식시간(t) / 세대수(n)

총 세균수(b) = 32000

세대수(n) = 100 / 20

n = 5, 2^5 = 32

$$초기균수 = \frac{총균수}{2^n} = \frac{32000}{32} = 1,000$$

17 [미생물 증식 시 필요한 영양소, 난이도 중]

① 젖산균은 유당을 이용할 수 있다.

② 철(Fe)은 cytochrome이나 catalase 등의 구성요소로서 세포호흡에 중요한 역할을 한다.

④ 미생물 배지에 최적 질소함량은 0.1 ∼ 0.5% 정도이다.

18 [그람음성균의 형태 및 생육특성, 난이도 중]

① Pathogenic *E. coli* – 유당분해

③ *Acetobacter* 속 – 간균

④ *Erwinia* 속 – 호기성

19 [미생물 시험법, 난이도 중]

① 회분배양은 배양용기에 영양분이 보충되지 않고 일정 용적 배지내에서 진행되는 폐쇄적인 배양법이다.

② colony counter는 집락을 계수할 때 주로 사용한다.

③ 당액보존법은 효모의 보존방법이다.

20 [세균의 세포벽, 난이도 중]

② 그람음성균의 외막은 포린(porin)을 활용하여 친수성 저분자물질을 투과시킬 수 있다.

③ 그람양성균은 인지질 이중층의 외막(outer membrane)을 보유하지 않는다.

④ 그람음성균의 외막은 지질 이중층으로 인지질층과 지질다당류(lipopolysaccharide)층으로 구성되어 있다.

제6회 최종 모의고사

01	02	03	04	05	06	07	08	09	10
③	④	①	②	③	④	③	②	④	①
11	12	13	14	15	16	17	18	19	20
③	②	④	③	①	②	③	①	②	④

01 [미토콘드리아, 난이도 중]

③ 내막은 기질(matrix)을 둘러싸고 있으며, 기질에는 리보솜과 DNA가 존재한다.

02 [유산균, 난이도 중]

*Lactobacillus brevis*는 이상유산발효균으로 발효과정 중 이산화탄소를 생성하는 특성이 있다. 김치, 피클, 사우어크라우트 등의 채소발효식품에서 많이 분리되며, 특히 내산성이 강하여 김치의 발효후기에 많이 검출된다.

03 [*Rhizopus* 속, 난이도 중]

① 가근과 포복지가 존재하며 포자낭은 거의 구형이다.

04 [세균의 세포벽, 난이도 상]

② Mycoplasma는 삼투적 용균으로부터 자신을 보호하기 위해 세포막에 스테롤을 지닌다.

05 [미생물의 증식측정법, 난이도 중]

미생물의 증식측정법에는 건조균체량, 균체질소량, 원심침전법(균체용적측정법), 비탁법, 총균수 및 생균수 측정법 등이 있다.

06 [미생물의 분류, 난이도 중]

휘태커의 5계 – 동물계, 식물계, 균계, 원생생물계, 원핵생물계

가. 곰팡이 – 균계

나. 고세균 – 원핵생물계

다. 조류 – 원생생물계

라. 진정세균 – 원핵생물계

07 [전분분해효소, 난이도 중]

α-아밀레이스와 β-아밀레이스는 전분의 α-1,4 결합을 가수분해하는 효소이며, 셀룰레이스는 셀룰로스의 β-1,4 결합을 가수분해하는 효소이다.

08 [독성파지, 난이도 중]

부착	파지의 꼬리섬유가 세균 세포벽의 특정 수용체에 부착하고 기저판(basal plate)이 세포벽에 결합(docking), 기저판은 라이소자임(lysozyme) 효소 갖고 있음

↓

침투	파지 DNA가 세포벽을 통과하여 세균 세포 내로 전달

↓

증식	숙주세포의 대사계를 이용하여 파지의 DNA와 몸체를 구성하는 단백질을 복제

↓

조립 및 성숙	복제된 DNA와 파지성분들이 조립되어 수백 개의 파지 입자를 형성하고 세포 밖으로 방출되기 위해서 성숙

↓

방출	숙주세포를 용균(lysis)시키고 밖으로 나옴, 새로운 파지 입자는 또 다른 세균 세포에 감염하여 새로운 용균성 주기를 시작

09 [DNA 복제, 난이도 중]
① 반보존적 복제가 일어나며 두 개의 가닥이 동시에 진행된다.
② 선도가닥과 지연가닥 모두 5′ → 3′ 방향으로 합성이 진행된다.
③ 헬리케이스(helicase)는 복제가 시작될 때 DNA 이중나선구조를 풀어주는 역할을 한다.

10 [그람염색법, 난이도 중]
① 1차 염색 후 매염제(mardant)로 사용하는 것은 요오드이다.

11 [효모, 난이도 중]
① 적색효모 – *Rhodotorula* 속, *Sporobolomyces* 속
② 하면효모 – *S. carlsbergensis*, *S. ellipsoideus*
④ 간장발효유해효모 – *Z. japonicus*, *Z. salsus*

12 [페니실리움 속, 난이도 상]
② 치즈에 녹색의 고운 반점을 생성하는 곰팡이는 *P. roqueforti*이다.

13 [진핵세포 내 소기관의 주요기능, 난이도 하]
① 세포벽: 세포의 모양유지 및 세포보호
② 핵: 유전정보 저장
③ 리소솜: 세포 내 소화

14 [파스퇴르 업적, 난이도 중]
③ 감염된 토끼의 건조척수로부터 광견병(공수병) 백신을 개발하였다.

15 [미생물의 상호작용, 난이도 중]
편리공생(commensalism)은 미생물 공존 시 한 미생물의 대사산물이 다른 균의 생장에 유리하게 작용하는 현상이다.

16 [곰팡이, 난이도 중]
① *Mucor* 속 – 무성포자 – 포자낭포자
③ *Geotricum* 속 – 무성포자 – 분열포자, 분열자
④ *Aspergillus* 속 – 유성포자 – 자낭포자

17 [내생포자의 구조, 난이도 하]
중심부는 중심벽에 둘러싸여 있으며, 포자 DNA가 있는 핵부위와 세포질로 구성되어 있다. 발아하게 되면 영양세포의 세포질이 되는 부분이다.

18 [유포자 효모, 난이도 중]
① *Rhodotorula glutinis* – 무포자 효모

19 [원핵세포와 진핵세포의 차이점, 난이도 하]

		원핵세포	진핵세포
①	세포벽	화학적으로 복잡한 구조	존재 시 간단한 구조
②	선모	있음	없음
③	감수분열	없음	있음
④	핵막	없음	있음

20 [*Hansenula* 속, 난이도 하]
Hansenula 속은 모자형, 토성형의 포자를 형성하는 산막효모로 다극성 출아법 증식을 하며, 질산염을 자화하고 알코올로부터 에스터를 생성하는 발효균이다.

제7회 최종 모의고사

01	02	03	04	05	06	07	08	09	10
③	④	①	②	④	①	②	③	④	③

11	12	13	14	15	16	17	18	19	20
②	①	④	③	①	②	③	④	②	①

01 [유포자 효모의 생활사, 난이도 하]
배수체 시기가 길고 반수체 시기가 짧은 효모로는 *Saccharomyces*, *Saccharomycodes*, *Hansenula* 등이 있다.

02 [위상차 현미경, 난이도 중]
가. 위상차 현미경은 광학 현미경에 속한다.
나. 암시야 현미경에 대한 설명이다.
다. 형광 현미경에 대한 설명이다.

03 [*Neurospora* 속, 난이도 중]
① 붉은빵곰팡이로 불리우며, *N. sitophila*는 오렌지색의 분생자를 지닌다.

04 [*Bacillus* 속, 난이도 하]
① *Bacillus natto* – 비오틴을 생육인자로 요구함
③ *Bacillus cereus* – 세레우스 식중독의 원인균
④ *Bacillus thuringiensis* – BT toxin 생성

05 [독립영양균, 난이도 중]
독립영양균에는 남세균, 녹색세균, 녹색황세균, 아질산균, 질산균, 황세균, 철세균, 수소세균, 메탄산화세균 등이 포함되며, *Bifidobacterium*은 독립영양균이 아니다.

06 [*Rhodotorula*, 난이도 중]
Rhodotorula 속
㉠ 구형, 타원형, 소시지형
㉡ 다극성 출아
㉢ 적색·황색의 카로티노이드(carotenoid) 색소 생성
㉣ *Rhodosporidium*, *Sporobolmyces* 속과 함께 적색효모
㉤ 알코올 발효력 없음
㉥ 저온성 냉장식품에서 번식
㉦ 육류에 착색 반점 생성
㉧ 분홍색의 서양 채소절임(sauerkraut)에 분포

07 [증식시간 산출, 난이도 중]
총균수(b) = 초기균수(a) × 2^n (n: 세대 수)
세대시간(g) = 증식시간(t) / 세대수(n)
$8 × 10^2 = 2.5 × 10 × 2^n$
n = 5
30분 = t / 5, t = 150분

08 [사면배지, 난이도 하]
사면배지(slant media)는 평판배지(plate media)와 달리 경사를 주어 굳힌 고체배지이다. 평판배지는 주로 호기성 미생물의 분리배양, 집락 및 용혈능 관찰에 이용되지만, 사면배지는 호기성 미생물의 증식이나 보존에 주로 이용된다.

09 [불완전균류, 난이도 중]
④ *Byssochlamys* 속은 반자낭균류이다.

10 [고세균, 난이도 중]
③ 고세균은 원핵생물이므로 핵막이 존재하지 않는다.

11 [편모, 난이도 중]
① 내막에 S 고리와 M 고리를 지닌다.
③ 필라멘트는 플라젤린이라는 가늘고 긴 실모양의 단백질이 나선형으로 배열된 구조이다.
④ 세포의 긴 끝 부위에만 편모가 존재하는 것을 polar flagella라 한다.

12 [조류, 난이도 하]
〈보기〉는 갈조류에 대한 설명이다. 갈조류에는 다시마, 미역, 톳 등이 있다.

13 [*Streptomyces*, 난이도 상]
① 편성호기성의 그람양성 간균에 속한다.
② 공중균사체를 만들어 성숙하게 되면 연쇄상으로 분생포자를 형성한다.
③ 클로람페니콜은 *Streptomyces venezuelae*가 생성하는 항생물질이다.

14 [돌연변이원, 난이도 중]
③ 알킬화제인 dimethyl sulfate(DMS), diethyl sulfate(DES), ethyl methane sulfate(EMS), nitrogen mustard 등은 염기중에 구아닌의 7번 위치를 특별하게 알킬화하여 돌연변이를 유발한다.

15 [*Mucor* 속, 난이도 상]

② cymomucor 형태를 지니는 *M. rouxii*는 아밀로법 발효에 이용된다.

③ 응유효소를 생성하는 *M. pusillus*는 racemomucor 형태를 지닌다.

④ 미분곰팡이로 불리우는 *M. mucedo*는 포자낭병이 분지하지 않는다.

16 [미생물과 내열성, 난이도 중]

② 습한 환경보다 건조한 환경에서 내열성이 높아질 수 있다.

17 [소포체, 난이도 상]

조면소포체 (RER)	• 소포체 막의 바깥 표면에 리보솜이 많이 붙어 거친면을 가짐 • 단백질 합성이 일어나는 장소 → 이동통로 • 폴리펩타이드 변형(접힘과 같은 물리적 변화) • 인지질 합성(스테로이드는 합성하지 않음) • 당단백질 합성에 관여(화학적 변화)
활면소포체 (SER)	• 리보솜이 부착되지 않음 • 스테로이드와 같은 지방 합성 장소 + 인지질 • 생합성 물질의 통로 • 많은 효소를 가지고 있어 영양물질 분해 대사기능 관여(탄수화물대사, 글리코겐대사 관여) • 세포와 근육수축을 위한 칼슘저장 • 독성화합물(약품, 알코올, 항생제, 각성제) 분해

18 [*Saccharomyces* 속, 난이도 중]

① *S. cerevisiae* : 다극성 출아, 라피노스 비발효

② *S. mali duclaux* : 상면효모, 좋은 향기 부여

③ *S. mellis* : 내삼투압성효모, 간장 맛 악화

19 [mRNA, 난이도 중]

② 1개의 코돈만 존재하는 것은 메티오닌(Met)과 트립토판(Trp)이며, 아이소류신은 3개의 코돈이 존재한다.

20 [초산균, 난이도 중]

② *Acetobacter* 속은 초산생성능이 강하고 초산을 산화할 수 있으며 주모를 지닌다.

③ *Gluconobacer* 속은 초산생성능이 약하며, TCA 회로가 존재하지 않는다.

④ *Acetobacter* 속은 초산을 산화할 수 있으며, TCA 회로가 존재한다.

제8회 최종 모의고사

01	02	03	04	05	06	07	08	09	10
③	①	④	②	③	①	④	②	④	②
11	**12**	**13**	**14**	**15**	**16**	**17**	**18**	**19**	**20**
③	②	④	①	③	②	①	②	③	④

01 [방사선 조사법, 난이도 중]

완전살균에 필요한 선량의 1/20 ~ 1/30 정도의 방사선을 식품에 조사하여 특정 미생물의 세균수를 감소시킴으로서 보존성을 높이는 방법은 라두리제이션(radurization)이다.

02 [생균수 측정, 난이도 중]

생균수산출

$$\frac{392+343+37+28}{\{(1\times2)+(0.1\times2)\}\times10^{-2}}$$

$$= 800/2.2\times10^2 = 363\times10^2$$

$$= 3.6\times10^4$$

03 [세균과 고세균, 난이도 중]

④ 세균은 DNA – 히스톤 복합체를 지니지 않지만, 고세균은 DNA – 히스톤 복합체를 지닌다.

04 [효소, 난이도 하]

① glucose isomerase – 포도당을 이성화하여 과당으로 바꾸는 효소

③ naringinase – 밀감의 쓴맛성분인 나린진 분해효소

④ lipase – 지방을 지방산과 글리세린으로 가수분해하는 효소

05 [*Aspergillus* 속, 난이도 중]

③ 흑국균인 *Asp. niger*는 경자가 2단으로 기저경자가 존재한다.

06 [미생물 환경인자, 난이도 중]

② 화학적요인 – 수분

③ 내적요인 – 수분활성도

④ 생물학적요인 – 미생물총에 의한 영양분

07 [세균, 난이도 중]

④ 프로피온산균은 편모를 지니지 않는 비운동성균이다.

08 [그람음성균 세포벽, 난이도 중]
① (가) – O antigen은 exotoxin이 아니다.
③ 글리세롤이나 리비톨이 인산기로 연결된 것은 테이코산에 대한 설명이다.
④ (라) – cytoplasmic membrane – 인지질 이중층으로 이루어짐

09 [효모, 난이도 상]
① 당밀을 원료로 하는 럼주제조에 이용되는 것은 *Schizosaccharomyces mellacei*이다.
② *Zygosaccharomyces* 속의 생육최적온도는 37℃가 아니다.
③ *Zygosaccharomyces salsus*는 간장 표면에 '곱'이라는 회백색의 산막을 형성하는 내염성 효모이다.

10 [미생물의 명명법, 난이도 중]
② 특정 미생물의 속을 모두 통틀어서 지칭하고자 표기할 때에는 spp.를 붙인다.

11 [해당과정, 난이도 상]
③ 알돌레이스(aldolase)의 기질은 fructose-1,6-diphosphate이다.

12 [효모의 포자형태, 난이도 하]
① *Schizosaccharomyces pombe* – 구형 ～ 타원형
③ *Metschnikowia* – 침상형
④ *Hansenula anomala* – 모자형

13 [바이러스, 난이도 중]
④ 핵산을 둘러싸고 있는 단백질 껍질인 캡시드의 구조에 따라 나선형, 정이십면체형, 복합형 등으로 분류할 수 있으며, 광견병바이러스는 나선형의 관모양을 지닌 나선형 바이러스에 속한다.

14 [세포골격, 난이도 중]

미세섬유 (microfilament)	• 지름 7nm, 2개의 액틴이 나선모양으로 꼬인 구조 • 세포질 유동이나 세포 형태의 변화 • 운동단백질인 미오신과 접촉하여 근육수축 • 백혈구 세포의 아메바 운동의 원천
미세소관 (microtubule)	• 지름 25nm (내부 15nm), 튜불린(원통모양의 구조) • 세포의 운동성(편모, 섬모)에 관여 • 세포 내 소기관의 이동에 관여 • 세포분열 시 염색체의 이동
중간섬유 (intermediate)	• 지름 10nm, 섬유 모양의 다양한 단백질 • 핵막과 세포막 사이에 위치 • 세포 소기관들을 제자리에 고정

15 [젖산균, 난이도 중]
① 젖산균은 대부분 운동성이 없다.
② 육탄당을 발효하여 에너지를 얻는다.
④ 오탄당을 발효하는 경우, 정상젖산발효균이나 이상젖산발효균 모두 젖산과 초산을 생성한다.

16 [화학독립영양균, 난이도 중]

미생물의 종류		에너지원	탄소원
독립 영양균	광독립영양균 (photoautotrophs)	빛에너지	CO_2
	화학독립영양균 (chemoautotrophs)	화학에너지 (무기물)	CO_2
종속 영양균	광종속영양균 (photoheterotrophs)	빛에너지	유기탄소원
	화학종속영양균 (chemoheterotrophs)	화학에너지 (유기물)	유기탄소원

17 [Neuberg 발효형식, 난이도 하]
노이베르그(Neuberg) 발효 제2형식[글리세롤발효, Na_2SO_3 첨가]
$$C_6H_{12}O_6 \rightarrow C_3H_5(OH)_3 + CH_3CHO + CO_2$$

18 [남세균, 난이도 중]
남세균에는 엽록체가 없으며, 세포질에 분포하는 엽록소(chlorophyll)에서 산소발생이 있는 광합성작용을 한다.

19 [버섯의 증식순서, 난이도 상]
③ 포자 – 균사체 – 균포(각포, 대주머니) – 균병(대) – 균륜(턱받이) – 균첩(균습, 주름) – 균산(갓)

20 [돌연변이 수복, 난이도 중]
제거수복은 미생물 균주의 DNA의 복제와는 상관없이 자외선 조사에 의하여 생성된 피리미딘 염기의 이량체가 균체가 증식하는 암실에서나 증식하지 못하는 완충액의 조건에서 DNA로부터 제거되고, 해당하는 부위에 다시 정상적인 염기배열로 채워지는 현상을 말한다. 이 과정에서는 핵산 분해효소, DNA 중합효소, DNA 연결효소 등이 관련되며, 제거수복은 화학적 손상에도 관여하고 있다.

01	02	03	04	05	06	07	08	09	10
①	③	④	②	③	①	②	④	④	③

11	12	13	14	15	16	17	18	19	20
②	③	①	②	④	①	③	②	①	④

01 [세균의 내부구조, 난이도 상]

① 봉입체는 세포질 안에 유기물 또는 무기물을 저장하는 기구로 탄수화물이나 무기물, 에너지 등을 저장한다. 때로는 특수한 형태로 저장함으로써 삼투압을 감소시키도 한다.

② 리보솜의 50S 소단위는 23S rRNA, 5S rRNA와 34개의 단백질로 구성되어 있다.

③ 플라스미드는 작은 환형 DNA로 길이가 길지 않다.

④ 세균은 막으로 둘러싸인 소기관을 지니지 않는다.

02 [다극성 출아, 난이도 중]

① *Sporobolomyces* (다극성출아) / *Kloeckera* (양극성출아)

② *Endomycopsis* (진균사) / *Trichosporon* (진균사)

④ *Saccharomycodes* (출아분열법) / *Saccharomyces* (다극성출아)

03 [박막여과법, 난이도 중]

④ 균수 밀도가 낮은 시료에 적합한 생균수 측정법이다.

04 [F 플라스미드, 난이도 중]

② 세균의 생존에 필수적인 것은 아니다.

05 [미생물학의 발전사, 난이도 중]

가. 견사병 원인체 규명 – 파스퇴르

나. 탄저균 발견 – 코흐

다. 맥주효모 순수분리배양 – 한센

라. 주입평판 고안 – 코흐

마. 효소화학의 원조 – 뷰흐너

바. 고체배지 제조 – 코흐

06 [녹조류, 난이도 중]

① 녹조류는 엽록소 a와 b를 다량으로 함유한다.

07 [*Candida* 속, 난이도 중]

① *C. versatilis* – 간장의 후숙

③ *C. rugosa* – 라이페이스 생산

④ *C. albicans* – 칸디다증 유발

08 [*Micrococcus* 속, 난이도 중]

① 그람양성균이다.

② *M. varians* 는 열에 대한 저항성이 강하여 우유의 저온살균에도 생존한다.

③ *M. roseus* 는 식빵 표면에 증식하여 분홍색의 색소를 생성한다.

09 [외피 비보유 바이러스, 난이도 상]

④ Rabies virus는 외피를 지닌다.

10 [미생물 제어법, 난이도 중]

① 물리적 제어법 – 펄스전기장

② 열처리법 – 마이크로파

④ 물리적 제어법 – 방사선

11 [세포호흡과 발효, 난이도 상]

② 알코올발효는 이산화탄소가 생성되지만, 젖산발효에서는 이산화탄소가 생성되지 않는다.

12 [hemocytometer, 난이도 하]

한 칸의 부피

$$0.05\,\mathrm{mm} \times 0.05\,\mathrm{mm} \times 0.1\,\mathrm{mm} = 0.00025\,\mathrm{mm}^3$$

$$\downarrow 4칸합$$

$$= 0.001\,\mathrm{mm}^3$$

$$1\,\mathrm{mL} \Rightarrow 1\,\mathrm{cm}^3 \Rightarrow 1000\,\mathrm{mm}^3$$

$$0.001\,\mathrm{mm}^3 \times 10^6 = 1000\,\mathrm{mm}^3$$

$$25 \times 10^6 \Rightarrow 2.5 \times 10^7$$

13 [*Leuconostoc* 속, 난이도 중]

① *Leuconostoc* 속은 사련구균 형태로 존재하지 않는다.

14 [라이소자임, 난이도 하]

라이소자임(lysozyme)

• 펩티도글리칸의 글리칸(glycan) 사슬을 끊어 세균을 사멸시키는 효소

• 세균을 용해하는 항균성 물질

• 외막이 있는 그람음성균보다 그람양성균에 대하여 살균효과가 더 큼

15 [분별배지, 난이도 하]

〈보기〉는 분별배지(differential media)에 대한 설명이며, 예시로는 EMB(Eosine-methylene blue) 배지를 들 수 있다. EMB 배지에서 유당을 발효시켜 산을 생성하는 균은 금속성의 광택 있는 녹색집락으로 생육하므로 유당을 발효하지 못하는 균과 구별된다.

16 [효모, 난이도 중]

② 탄소원으로는 주로 6탄당(hexose)을 이용한다.

③ 하면효모는 갈락토스, 과당, 포도당으로 구성된 라피노스(raffinose)를 이용한다.

④ 티아민, 비오틴, 이노시톨, 판토텐산, 피리독신 등을 생육인자(growth factor)로 요구한다.

17 [*Acetobacter*, 난이도 중]

③ *Acetobacter oxydans* : 초산을 재분해하지 않음

18 [조상균류, 난이도 중]

① *Absidia* 속은 가근과 가근 사이에 포자낭병이 형성된다.

③ *Thamnidium* 속의 소포자낭에는 중축이 없다.

④ *Rhizopus* 속은 포자낭이 거의 구형이고, *Absidia* 속은 포자낭이 작은 서양배모양을 나타낸다.

19 [염기수 산출, 난이도 중]

24개의 염기쌍 - 48염기

$$\frac{(G+C)}{(A+T)} = \frac{14}{10} = \frac{7}{5}$$

$$(A+T) \Rightarrow 48 \times \frac{5}{12} = 20$$

$$A = 10, T = 10 / C = 14, G = 14$$

20 [리소솜, 난이도 중]

① 소화효소는 조면소포체에서 생성되며 골지체에서 포장되어 막으로 둘러싸이면서 리소솜이 형성된다.

② 리소솜은 단일막을 지닌다.

③ 자체 증식이 불가능하다.

제10회 최종 모의고사

01	02	03	04	05	06	07	08	09	10
③	④	②	①	①	④	①	②	③	④
11	**12**	**13**	**14**	**15**	**16**	**17**	**18**	**19**	**20**
③	②	①	③	③	④	②	②	③	④

01 [무기염류, 난이도 중]

① 황(S): 비오틴, 티아민 합성에 필수적

② 칼슘(Ca): 내생포자, 세포벽의 안정성

④ 마그네슘(Mg): 엽록소 구성성분, 핵산 안정화

02 [점질층과 협막, 난이도 하]

점질층과 협막의 기능

㉠ 세균의 건조나 독성물질로부터 자신을 보호

㉡ 숙주의 식균세포나 조직세포로부터 포식되거나 소화됨을 방어

㉢ 세균의 기질 또는 세균끼리의 부착

㉣ 탈수등으로부터 세포보호

㉤ 파지로부터 보호

03 [*Pichia* 속, 난이도 중]

Pichia 속

㉠ 간장 표면에 건조한 분상 막 형성

㉡ 산막효모(film yeast 혹은 pellicle yeast)

㉢ 다극성 출아

㉣ 질산염 자화 하지 못함

㉤ 당 발효력 약함

㉥ 알코올을 에스터(ester)화합물로 전환

㉦ fumarase 생성(fumarate → malate)

P. alcoholophila	• 맥주 · 포도주 유해균
P. membranaefaciens	• 김치 표면에 피막을 형성하며 알코올을 에스터로 전환

04 [효소, 난이도 상]

② 시스-트랜스 전환반응은 이성화효소에 의해 촉매되는 반응이다.

③ 가수분해효소는 영양소의 소화 및 식품의 조리, 가공 및 저장과 밀접한 관련이 있다.

④ 기질분자의 분자식은 변화시키지 않고 분자구조를 변환시키는 것은 이성화효소다.

05 [포자형성균, 난이도 중]

다. *Sporosarcina* : 포자를 형성하는 그람양성 구균

라. *Staphylococcus* : 포자를 형성하지 않는 그람양성 구균

06 [미생물과 내열성, 난이도 중]

④ 증식곡선의 대수기에 내열성이 가장 약하다.

07 [mRNA, 난이도 중]

DNA-3′-GATATC-5′
mRNA-5′-CUAUAG-3′

08 [엽록체와 미토콘드리아, 난이도 중]

② 다량의 에너지가 필요한 세포일수록 (B)를 더 많이 생성한다.

09 [효모의 형태, 난이도 하]

① *Torulopsis* – 구형
② *S. ellipsoideus* – 타원형
④ *Kloeckera* – 레몬형, 방추형, 모자형

10 [그람음성균, 난이도 중]

① *Vibrio* 속은 장내세균과에 속하지 않는다.
② *Proteus* 속은 histidine decarboxylase를 생성하여 히스타민을 다량 생성함으로써 알레르기성 식중독을 유발한다.
③ *Y. enterocolitica*는 감염형 식중독의 원인균으로 돼지에서 주로 검출된다.

11 [현미경, 난이도 중]

③ 대물렌즈는 초점거리가 극히 짧은 렌즈로 고배율일수록 렌즈 길이가 길다.

12 [*Monascus* 속, 난이도 중]

① 무성생식 시 분생포자를 외생한다.
③ 폐자기 안에는 구형 또는 타원형의 자낭포자를 형성한다.
④ 모나스콜빈은 비타민 A의 원료로 이용될 수 없다.

13 [박테리오파지, 난이도 중]

(A) – 이음고리, 목(collar)
(B) – 덮개, 미초, 칼집(sheath)
(C) – 기저판, 기부(basal plate)
(D) – 꼬리침, 꺽쇠(spike)

14 [형질전환, 난이도 하]

형질전환

폐렴쌍구균 등 특정 균종을 어떤 조건상태에서 배양하면 세포 외에 첨가한 DNA를 세포 내로 도입하여 재결합하는 능력을 갖게 된다. 이와 같이 같은 종의 세포로부터 DNA를 추출하여 수용 세포에 첨가해 주면, 세포 가운데 일부가 공여된 DNA의 유전형질을 획득하게 되는 것을 말한다.

15 [편리공생, 난이도 하]

편리공생(metabiosis)은 미생물 공존 시 한 미생물의 대사산물이 다른 미생물의 생장에 유리하게 작용하는 현상을 말한다.

16 [*Clostridium* 속, 난이도 중]

④ *Clostridium* 속의 G+C 함량은 22 ~ 55 mol%로 *Bacillus* 속과 함께 G+C 함량이 낮은 그람양성균으로 분류된다.

17 [산소요구성, 난이도 중]

그림은 내기성혐기성 균주의 배양분포를 표현한 것이다. 내기성 혐기성균은 혐기환경에서 생육하는 혐기미생물이나 산소에 의한 독성에 내성이 있는 미생물로 어느 정도 산소가 있는 환경에서도 생육이 가능하다. *Clostridium perfringens*는 내기성 혐기성균이다.

18 [상면효모 및 하면효모, 난이도 중]

	상면효모	하면효모
①	원형, 발효작용 빠름	난형, 발효작용 늦음
③	최적 배양온도 10 ~ 25℃	최적 배양온도 5 ~ 10℃
④	멜리비오스 비발효	라피노스 발효

19 [내생포자, 난이도 상]

① 광학현미경으로 포자를 관찰할 수 있다.
② 한 세포에 한 개의 포자가 형성된다.
④ 영양세포에는 디피콜린산이 존재하지 않는다.

20 [미생물 증식곡선, 난이도 중]

④ 세대시간이 가장 짧고 일정하며, 세포 크기가 일정한 시기는 대수기다.

( )년 ○○공무원 ○급 공개경쟁채용 필기시험 답안지

컴퓨터용 흑색싸인펜만 사용

책형	

(필적감정용 기재)
*아래 예시문을 옮겨 적으시오.

본인은 ○○○(응시자성명)임을 확인함

기 재 란

성명	
자필성명	본인 성명 기재
응시직렬	
응시지역	
시험장소	

응시번호

⓪	⓪	⓪	⓪	⓪	⓪	⓪	⓪	⑥
①	①	①	①	①	①	①	①	⑦
②	②	②	②	②	②	②	②	
③	③	③	③	③	③	③	③	
④	④	④	④	④	④	④	④	
⑤	⑤	⑤	⑤	⑤	⑤	⑤	⑤	
⑥	⑥	⑥	⑥	⑥	⑥	⑥	⑥	
⑦	⑦	⑦	⑦	⑦	⑦	⑦	⑦	
⑧	⑧	⑧	⑧	⑧	⑧	⑧	⑧	
⑨	⑨	⑨	⑨	⑨	⑨	⑨	⑨	

생년월일

⓪	⓪	⓪	⓪	⓪	⑤
①	①	①		①	⑥
②	②	②		②	⑦
③	③	③		③	⑧
④	④	④		④	⑨
⑤	⑤	⑤		⑤	
⑥	⑥	⑥		⑥	
⑦	⑦	⑦		⑦	
⑧	⑧	⑧		⑧	
⑨	⑨	⑨		⑨	

※ 시험감독관 서명
(성명을 정자로 기재할 것)

채점 확인란 사용

제 회

문번				
1	①	②	③	④
2	①	②	③	④
3	①	②	③	④
4	①	②	③	④
5	①	②	③	④
6	①	②	③	④
7	①	②	③	④
8	①	②	③	④
9	①	②	③	④
10	①	②	③	④
11	①	②	③	④
12	①	②	③	④
13	①	②	③	④
14	①	②	③	④
15	①	②	③	④
16	①	②	③	④
17	①	②	③	④
18	①	②	③	④
19	①	②	③	④
20	①	②	③	④

제 회

문번				
1	①	②	③	④
2	①	②	③	④
3	①	②	③	④
4	①	②	③	④
5	①	②	③	④
6	①	②	③	④
7	①	②	③	④
8	①	②	③	④
9	①	②	③	④
10	①	②	③	④
11	①	②	③	④
12	①	②	③	④
13	①	②	③	④
14	①	②	③	④
15	①	②	③	④
16	①	②	③	④
17	①	②	③	④
18	①	②	③	④
19	①	②	③	④
20	①	②	③	④

제 회

문번				
1	①	②	③	④
2	①	②	③	④
3	①	②	③	④
4	①	②	③	④
5	①	②	③	④
6	①	②	③	④
7	①	②	③	④
8	①	②	③	④
9	①	②	③	④
10	①	②	③	④
11	①	②	③	④
12	①	②	③	④
13	①	②	③	④
14	①	②	③	④
15	①	②	③	④
16	①	②	③	④
17	①	②	③	④
18	①	②	③	④
19	①	②	③	④
20	①	②	③	④

제 회

문번				
1	①	②	③	④
2	①	②	③	④
3	①	②	③	④
4	①	②	③	④
5	①	②	③	④
6	①	②	③	④
7	①	②	③	④
8	①	②	③	④
9	①	②	③	④
10	①	②	③	④
11	①	②	③	④
12	①	②	③	④
13	①	②	③	④
14	①	②	③	④
15	①	②	③	④
16	①	②	③	④
17	①	②	③	④
18	①	②	③	④
19	①	②	③	④
20	①	②	③	④

제 회

문번				
1	①	②	③	④
2	①	②	③	④
3	①	②	③	④
4	①	②	③	④
5	①	②	③	④
6	①	②	③	④
7	①	②	③	④
8	①	②	③	④
9	①	②	③	④
10	①	②	③	④
11	①	②	③	④
12	①	②	③	④
13	①	②	③	④
14	①	②	③	④
15	①	②	③	④
16	①	②	③	④
17	①	②	③	④
18	①	②	③	④
19	①	②	③	④
20	①	②	③	④

( )년 ○○공무원 ○급 공개경쟁채용 필기시험 답안지

책형	

(필적감정용 기재)
*아래 예시문을 옮겨 적으시오.

본인은 ○○○(응시자성명)임을 확인함

기 재 란

	성명	
	자필성명	본인 성명 기재
	응시직렬	
	응시지역	
	시험장소	

응시번호

| ⓪①②③④⑤⑥⑦⑧⑨ |
| ⓪①②③④⑤⑥⑦⑧⑨ |
| ⓪①②③④⑤⑥⑦⑧⑨ |
| ⓪①②③④⑤⑥⑦⑧⑨ |
| ⓪①②③④⑤⑥⑦⑧⑨ |
| ⓪①②③④⑤⑥⑦⑧⑨ |
| ⓪①②③④⑤⑥⑦⑧⑨ |
| ⑥⑦ |

생년월일

| ⓪①②③④⑤⑥⑦⑧⑨ |
| ⓪①②③④⑤⑥⑦⑧⑨ |
| ⓪①②③④⑤⑥⑦⑧⑨ |
| ⓪①② |
| ⓪①②③④⑤⑥⑦⑧⑨ |
| ⑤⑥⑦⑧⑨ |

※ 시험감독관 서명
(성명을 정자로 기재할 것)

책임자만 표기 가능

제 회

문번	1	2	3	4
1	①	②	③	④
2	①	②	③	④
3	①	②	③	④
4	①	②	③	④
5	①	②	③	④
6	①	②	③	④
7	①	②	③	④
8	①	②	③	④
9	①	②	③	④
10	①	②	③	④
11	①	②	③	④
12	①	②	③	④
13	①	②	③	④
14	①	②	③	④
15	①	②	③	④
16	①	②	③	④
17	①	②	③	④
18	①	②	③	④
19	①	②	③	④
20	①	②	③	④

제 회

문번	1	2	3	4
1	①	②	③	④
2	①	②	③	④
3	①	②	③	④
4	①	②	③	④
5	①	②	③	④
6	①	②	③	④
7	①	②	③	④
8	①	②	③	④
9	①	②	③	④
10	①	②	③	④
11	①	②	③	④
12	①	②	③	④
13	①	②	③	④
14	①	②	③	④
15	①	②	③	④
16	①	②	③	④
17	①	②	③	④
18	①	②	③	④
19	①	②	③	④
20	①	②	③	④

제 회

문번	1	2	3	4
1	①	②	③	④
2	①	②	③	④
3	①	②	③	④
4	①	②	③	④
5	①	②	③	④
6	①	②	③	④
7	①	②	③	④
8	①	②	③	④
9	①	②	③	④
10	①	②	③	④
11	①	②	③	④
12	①	②	③	④
13	①	②	③	④
14	①	②	③	④
15	①	②	③	④
16	①	②	③	④
17	①	②	③	④
18	①	②	③	④
19	①	②	③	④
20	①	②	③	④

제 회

문번	1	2	3	4
1	①	②	③	④
2	①	②	③	④
3	①	②	③	④
4	①	②	③	④
5	①	②	③	④
6	①	②	③	④
7	①	②	③	④
8	①	②	③	④
9	①	②	③	④
10	①	②	③	④
11	①	②	③	④
12	①	②	③	④
13	①	②	③	④
14	①	②	③	④
15	①	②	③	④
16	①	②	③	④
17	①	②	③	④
18	①	②	③	④
19	①	②	③	④
20	①	②	③	④

제 회

문번	1	2	3	4
1	①	②	③	④
2	①	②	③	④
3	①	②	③	④
4	①	②	③	④
5	①	②	③	④
6	①	②	③	④
7	①	②	③	④
8	①	②	③	④
9	①	②	③	④
10	①	②	③	④
11	①	②	③	④
12	①	②	③	④
13	①	②	③	④
14	①	②	③	④
15	①	②	③	④
16	①	②	③	④
17	①	②	③	④
18	①	②	③	④
19	①	②	③	④
20	①	②	③	④